NONGCHANPIN QUYU PINPAI
XINGCHENG JILI XIAOYING JI TISHENG DUICE YANJIU

农产品区域品牌
形成机理、效应及提升对策研究

潘燕◎著

知识产权出版社
全国百佳图书出版单位

图书在版编目（CIP）数据

农产品区域品牌：形成机理、效应及提升对策研究/潘燕著.—北京：知识产权出版社，
2019.11

ISBN 978-7-5130-6138-4

Ⅰ.①农… Ⅱ.①潘… Ⅲ.①农业产业—产业集群—研究—中国 Ⅳ.①F323

中国版本图书馆CIP数据核字（2019）第040689号

内容提要

随着经济的快速发展，产业结构的不断升级，农业的发展需要新的经济组织形式带动，而
产业集群作为一种新的多维空间组织模式，能在效率、收益、灵活性方面建立独特的竞争优
势，是适应当今世界资源配置高效及经济快速发展的大趋势。产业集群作为经济发展中颇具特
色的产业经济组织形式，已经成为深化农业结构调整、实现农业产业化、提高农产品竞争力的
重要途径。

责任编辑：于晓菲　　李　娟　　　　责任印制：孙婷婷

农产品区域品牌：形成机理、效应及提升对策研究
潘燕　著

出版发行：知识产权出版社 有限责任公司	网　　址：http:// www.ipph.cn
社　　址：北京市海淀区气象路50号院	邮　　编：100081
责编电话：010－82000860转8363	责编邮箱：laichushu@cnipr.com
发行电话：010-82000860转8101/8102	发行传真：010-82000893/82005070/82000270
印　　刷：北京建宏印刷有限公司	经　　销：各大网上书店、新华书店及相关专业书店
开　　本：720mm×1000mm　1/16	印　　张：14
版　　次：2019年11月第1版	印　　次：2019年11月第1次印刷
字　　数：188千字	定　　价：68.00元
ISBN 978-7-5130-6138-4	

序　言

　　作为城乡发展的宏大叙事，农产品区域品牌的建设与发展是具有中国特色的农产品销售关系的一次重大调整与变革，是实现城乡要素平等交换、完善农村基本经营制度、保障农民财产权利、巩固党在农村执政基础的必然选择。农产品区域品牌的建设与发展对于探索建立农产品区域品牌的有效实现形式，释放区域品牌的澎湃动力，建立健全归属清晰、效应显著、保护严格的符合社会主义市场经济体制要求的农产品区域品牌具有一定的现实意义。

　　在全面深化改革发展的大背景下，加快推进农产品区域品牌的形成，关系广大农民群众的直接利益，是顺应世界农业发展趋势、提升农业竞争力的重要选择。为此，党中央、国务院高度重视农产品区域品牌建设，《乡村振兴战略规划（2018—2022年）》强调新形势下，应积极践行创新、协调、绿色、开放、共享的发展理念，以市场需求为导向，着力强化农业品牌顶层设计和制度创设，加快培育一批具有较高知名度、美誉度和富有市场竞争力的农业品牌；《关于加大改革创新力度加快农业现代化建设的若干意见》中亦强调要大力发展名特优新农产品和培育一批农业知名品牌。从2005年至今，中央一号文件多次强调"品牌"与"品牌战略"，提出要强化国产农业发展，培育优质农业品牌，深入推进农产品的区域公用品牌和区域特色品牌建设，改良提升传统品牌，加大品牌的监督管理和推广力度。2013年，习近平总书记再次强调，"要下大力气培育农产品品牌，建立牢固的农产品品牌保障，提升广大人民对农产品质量安全的信心"。"以农业立国，以品牌强国"的理念成为各主体建设品牌的共识，使农产品品牌建设从"高度重视"向"实践落地"转移。2014年，习近平总书记再次提出了"三个转变"，即"推动中国制造向中国创造转变，中国速度向中国质量转变，中国产品向中国品牌转变"的重要思想，李克强总理亦作出"加强品牌建设，增加优质供给，是实现高质量发展，更好满足人民群众对美好生活需要的重要内容，要使更多的中国品牌伴随中国制造走向世界、享誉世界"的重要指示。党的十九大中提出实施乡村振兴战略，按照"产业兴旺、生态宜居、乡风文明、治理有效、生活富裕"的要求，全面推进农业农村发展，构建农产品区域品牌，促进农产品价值输出，为农产品生产者创造更多的利润，同时发挥农产品的品牌效应，带动更多的农产品走区域品牌发展之路，是我国现阶段农产品发展的重要任务，也是国民消费转型升级的必然要求。

加强中国农产品区域品牌建设是众多行业协会的诉求。在有关部委及相关部门大力支持和帮助下，经过多次调研实践，根据国内外品牌建设和发展的状况，按照中国资源、中国技术、中国特色产业、中国特色旅游和中华老字号五个原则，提出了我国将重点培育具有地理标志特色的产业集群下农产品区域品牌。

本书注重与实际相结合来解决农产品区域品牌建设中的现实问题。以山西省农产品区域品牌建设为例，分析了山西省农产品区域品牌建设的现状，从利益相关者之间的矛盾冲突等方面寻找原因，并从地理要素禀赋、政府扶持、科技发展等方面进行对比研究，旨在为各地区建设农产品区域品牌提供一定的借鉴与参考。

目　　录

第1章　绪论

农业是国民经济的基础，是国家自立、社会安定的基础，农业的兴衰关系着国民经济的全局及我国在国际竞争中的地位。随着经济的快速发展，产业结构的不断升级，农业的发展需要新的经济组织形式带动。而产业集群作为一种新的多维空间组织模式，能在效率、收益、灵活性方面建立独特的竞争优势，并且能够适应当今世界资源配置高效及经济快速发展的大趋势。产业集群作为经济发展中颇具特色的产业经济组织形式，已经成为深化农业结构调整、实现农业产业化、提高农产品竞争力的重要途径。

产业集群发展壮大到一定阶段，就衍生出了品牌。品牌就是竞争力，农产品不仅要有品牌，还需要培育和发展区域品牌。区域品牌往往代表着一个地方产业产品的主体和形象，对该地区经济的发展起着举足轻重的作用。而获得更加成熟和稳定的区域品牌结构，是企业生存与发展的推动力，也意味着具有核心竞争力的产品的生产区位，是企业最宝贵的无形财富。

农产品区域品牌是提高产业集群竞争力的关键，是使我国农业走上新的快速发展轨道的必然选择。它能够在特定行政区域内，实现农产品从原料基地生产到产品销售一条龙的生产服务，甚至能够使相关农业技术研发机构在当地配套成网络，并创建区域内统一的农产品品牌。品牌又能够在区域生产基地的发展中成长起来，在产业集聚的优势中成长起来，而农产品区域品牌可以强化集聚优势，使农产品产地形成特有的竞争优势。

农产品区域品牌的建设既是理论问题,又是实践问题。农产品区域品牌的形成从"蓄势"到"迸发",需要一个过程,制度设计必须运用新理念、新思路、新方法,既要符合现代品牌理论的基本原则和一般规律,又要体现国情、省情和农情,从普遍规律和农产品现状出发,从纷繁复杂的事物表象中把准建设脉搏,在众说纷纭中开好建设药方,逐步建立起具有地方特色的现代农产品区域品牌体系。有鉴于此,本书正视和回应现实问题,既对国内外及山西的农产品品牌进行认真观察、深入分析,又对农产品区域品牌的形成机理及顶层设计进行全面探讨、全面总结。此外,本书通过对国内外农产品区域品牌的形成进行对比分析,系统地提出了农产品区域品牌的基本效应与提升对策,旨在研究并探索出一条颇具特色的农产品区域品牌建设路径。

1.1 问题的提出

1.1.1 农业的发展需要品牌带动

在传统农业向现代农业转变的今天,促进农业规模化、标准化、产业化和市场化的重要手段之一就是发展农业品牌。国际经验证明,发展农业品牌能够促进农业产业结构的升级优化和农产品质量的提高,满足不断升级的社会消费需求,实现农业增效、农民增收、农村增色。习近平总书记强调,"让品牌来保障人民对质量安全的信心"。因此,品牌化已经成为农业现代化水平的核心标志,发展农产品区域品牌已经成为转变农业发展方式、推进现代农业化的一项紧迫任务。

农产品区域品牌化是促进农业产业升级,实现农业由数量型、粗放型增长向质量型、效益型增长转变的方式。农产品区域品牌化是实现农业增效、农民增收和提高农产品市场竞争力的需要。研究表明，品牌能够建立稳定的消费群体和市场份额，没有品牌的产品更易滞销。因此，挖掘我国农业的原生资源价值，基于地域文脉发展农产品品牌具有重大的意义。虽然我国是农业大国，许多优质农产品产量位居世界前列，但缺乏具有国际市场竞争力且占据高端市场的农产品品牌，而处于中低端市场的优质农产品无法实现高溢价。这就需要结合我国农业的实际情况，因地制宜，挖掘地域农产品与区域文脉的深度联系，进行农产品品牌发展的顶层设计，形成多方参与、结构合理的农产品区域品牌，创造多种品牌互为背书、共同繁荣的发展新格局。

1.1.2　农业品牌化发展需要由农产品区域品牌来推动

1.农产品区域品牌是有效传递农产品质量信息的新途径

当今世界经济发展已经进入品牌经济时代。世界各国开始重视农业品牌化发展，重视农产品的原产地和来源地。区域品牌化的核心是集中一致的沟通战略的产生过程。区域品牌形象需要被规划、管理和营销，区域品牌化是区域营销的有效方法。随着绿色安全农产品成为消费主流，品牌营销是农产品经营的主要方式之一。农产品质量特征的隐蔽性，使消费者很难真实完整地了解农产品信息。农产品区域品牌作为一种标志，向消费者传递了农产品质量特征，是向消费者传递农产品质量信息的重要信号，是消费者进行购买决策的重要的信息源。

2.农产品区域品牌奠定了我国农业品牌发展的新价值基础

农产品区域品牌是指在一个特定的自然生态环境和历史人文因素的区域内的农业主导产业中，由农业相关组织注册控制，并授权由若干农业生产经营者共同使用的、以"产地名+产品（类别）名"形式构成的、体现为集体商标或证明商标品牌类型的农产品品牌。因此，农产品区域品牌是地域性和产业特色的有机结合,是各种因素长期沉淀的结果。农产品区域品牌是特定的区域代表,被称为一个区域的"金名片"。发展农产品区域品牌,可以保护优势农产品品种资源和环境,可以传承地方传统加工工艺,可以开发历史文化资源,可以提升传统农产品原产地声誉,可以创新农业产业集群。每一个农产品区域品牌的发展创建,都是以某种优势资源为主导,综合运用多种资源的成果。这种品牌承载着千百年农耕文化的积淀,反映了近年来我国各地区农产品生产与现代品牌管理模式的交互整合,体现了我国特色农业的延续、升级,以及新的意义和新的价值的创造。

3.农产品区域品牌带动农业品牌发展

农产品区域品牌突出了区域独特性和公共性特征。发展农产品区域品牌能够规范相关企业之间的经营行为,促进农业产业健康发展,克服单个企业参与市场交易的分散性和风险性,获得产业化聚集效应和较高的市场竞争力,优化配置生产要素,促使农业增长由粗放增长向集约增长转变,促进农业经济持续稳定发展。

4.农产品区域品牌发展促进农业增效、农民增收

研究表明,农产品区域品牌对农业总产值的影响贡献系数达到0.38,对农民增收的影响贡献系数达到0.42。实践也证明,发展农产品区域品牌实现了农业增效、农民增收,农产品区域品牌产品单价比注册前大幅提高。农产品区域品牌产品价格普遍比同类产品价格高出20%~90%。如"大兴西瓜"达到13元/千克,比市场上同类产品单价高5倍,大大增加了农民收入;"章丘大葱"售价由最初0.6元/千克增加到5元/千克左右,葱农收入成倍增加。农产品区域品牌扩大了农民就业,并带动了其他行业发展。2017年,"盘锦大米"解决了5517人就业问题,农民收入增加8.6亿元;2017年,山东"泰安苹果"从业人口达到44.5万,总收入16亿元,农民人均增收1348元,而苹果产业繁荣带动了包装、加工、运输、服务等行业全面发展;"平谷大

桃"产业搞活了平谷国际桃花节和秋季采摘节,将旅游、文化、体育和农业紧密结合起来,获得了良好的经济社会效益。2018年"平谷桃花节"平谷共接待游客490.8万人次,实现旅游收入2.3亿元,同比增长35.8%和36.4%。

1.1.3 农产品区域品牌使集群企业产生协同效应

区域品牌是整体营销的热点,但是单个企业要建立自己的品牌,需要庞大的资金投入,而企业通过发挥集群的整体力量,利用群体效应,有利于企业花费较少的营销成本开拓国内外市场。集群内的许多企业特别是中小企业一般不依靠自己的商标、品牌和企业知名度去拓展市场,而是依靠区域市场和区域品牌的知名度去参与市场的竞争。

产业集群的发展一方面为区域品牌的形成提供了物质基础,另一方面区域品牌也促进了产业集群的发展。区域品牌一旦形成,其影响力将促使与区域产业相关的更多企业向区域内聚集,同时大量的资金、丰裕的劳动力、先进的技术、及时的市场信息等要素也会源源不断涌入区域,这些条件为产业集群的规模扩张与技术升级提供了强有力的支持。大量的资金将使区域内产业集群的规模扩张变得简单易行,先进的产业技术为产业集群的技术升级创造了有利条件,丰裕的劳动力资源降低了区域企业的劳动力成本,同时及时的市场信息也不断地引导产业集群内的企业进行协同调整,适应外部市场的变化需求,产业集群的市场地位将得到进一步强化。此外,由于区域品牌的公共属性,需要集群企业共同创造和维护,从而有利于企业之间的合作,增强了企业之间的合作效应。

近年来,随着农业品牌化的发展,各地注册农产品区域品牌的热情持续高涨,区域品牌的注册量增长迅速。那么,我国一些区域农业发展中的农产品区域品牌化现象是偶然的还是必然的?农产品区域品牌是如何发展起来的，形成机理是什么，主要影响因素又有哪些？为了能够有效解决以上问题，本书着力对农产品区域品牌形成模式进行比较研究，揭示影响农产品区域品牌的形成机理，用博弈论分析了农产品区域品牌形成过程中政府、企业、行业协会与客户之间的竞争、合作、协同关系，对各地政府、企业、行业协会等形成合力培育农产品区域品牌的做法进行探讨，运用结构模型实证分析了各影响因素对农产品区域品牌形成的作用机理，力求通过产业集群的协同效应为我国农产品区域品牌的形成及效用提升提供对策。

1.2　国内外相关理论研究综述

为适应新的经济秩序及谋求区域发展，20世纪90年代，较多国家和地区热衷于运用品牌方法谋求竞争优势（Kavaratzis M，2005；Nobili V，2005）。目前，地区品牌化的相关研究还处于初始期（Dooley G & Bowie D，2005）。依据区域品牌的思想渊源、研究视角及方法等方面的差别性，可以将国外区域品牌研究分为两个学派：一是以凯勒和科特勒等学者为代表的市场营销学派；二是以迈克尔·波特为代表的区域战略学派。而对于农产品地域性对农产品品牌化影响的研究，国内外学者普遍达成了一种共识，认为地域性会对区域品牌产生积极作用，尤其是自然环境或人为因素起决定性作用的农产品（Vanlttersum，Candel，&Meulemberg，2003），当其区域特性符合区域形象联想时，这种作用更加明显。相比之下，国内学者对农产品品牌的研究起步较晚，集中于研究农产品品牌建设的意义、问题、政府作用及其他方面的关系，并取得了一定成果，但理论还不够成熟与完善，多倾向于宏观战略层面，具体实施策略较少且缺乏实践性与权威性。总之，纵观国内外学者的研究成果，主要集中于以下几个方面。

1.2.1 农产品区域品牌的产生

国外一些学者认为农产品区域品牌采用的是"区域名+农产品名"的形式，但没有对农产品区域品牌概念进行清晰的界定。代表性学者的观点有以下几种。索德·马斯库尔卡（Thode Maskulka，1998）认为，凡是在特定农产品前面加上特定的区域就是农产品区域品牌，采用"特定区域＋农产品名称"的形式表达。这种表达形式能够凸显地域差异性，彰显出该区域的优势。该学者把农产品区域品牌的限制条件看作区域，只有先指定生产农产品的区域，才能创建农产品区域品牌。卡瓦拉齐斯（Kavaratzis，2005）根据品牌的定义，指出区域品牌是公众大脑在战略、关系、情感及功能等要素的综合影响下产生的多种独特联想的多维组合。而马丁诺维奇（Martinovic，2002）认为，农产品区域品牌就是提高区域农产品的质量在目标市场中的分量，从而增加地理标志性。当产品质量提高时，消费者对该地区农产品的好感度也会增加，进而逐渐造就地区的地理标志性。为推动经济发展，学者卡瓦拉齐斯提出农产品区域品牌是区域经济的一部分，是区域经济发展动力的来源。地区内经济结构的创新和变化过程对于提高该地区的竞争地位至关重要，农产品区域品牌能够促进农业经济的进步，给该地区的农业注入活力。

虽然国内对农产品区域品牌的研究起步较晚，时间较短，但是大多数国内学者已经认识到创建农产品区域品牌是提高农产品市场竞争力、促进区域发展的有效途径。国内学者的视角不同，对农产品区域品牌的认知也有所不同。从特色农产品角度看，任同伟（2014）认为，农产品区域品牌是在当地政府、企业和行业的支持下运营的，以当地特色农产品为主，为当地农产品生产者所共享的农产品品牌。一般来说，该农产品品牌拥有一定的知名度，能够在人们的普遍认知中产生一定的影响。从产业集群的角度看，易思思（2014）从产业集群、公共产品和品牌资产三个视角出发，提出农产品区域品牌是建立在特定区域内，以产业集群为基础，以政府与相关企业和协会为主体，以某一类农产品产业为中心建立的具有较高知名度、美誉度和品牌价值的总和。从独特的区域角度看，翁胜斌和李勇（2016）认为，农产品区域品牌是建立在地理人文及自然传承等自然因素的基础上，在政府及相关组织的政策实施、教育扶持下最终以产业集群的形式存在，并且具有区域影响力的农产品品牌。从品牌竞争角度看，农产品的竞争表现为品牌的竞争，当某一个农产品行业竞争充分开展之时，产业的发展也进入成熟阶段，已经形成了品牌从无到有再到激烈竞争的格局，从而使农产品区域品牌的形成与成长过程对农产品区域品牌的产生与内涵的研究具有重要意义。

农产品区域品牌的形成与成长分为区域农产品—农产品集群—农产品区域品牌形成—农产品区域品牌成长—品牌稳定发展—区域品牌消亡六个阶段。其中，前三个阶段代表农产品区域品牌的形成阶段，后三个阶段代表农产品区域品牌的成长阶段。而农产品区域品牌的形成又构成了农产品区域品牌成长和腾飞的起点。在不同时间和空间维度组合下农产品区域品牌形成和成长阶段中，农产品区域品牌的发展核心和发展重点都是不同的。这一研究代表性的学者有朱玉林（2005）、康文星和周发明（2006）、熊爱华（2009）、胡正明和王亚卓（2010）、田云章（2013）等。

1.孕育期:区域农产品

孕育期以区域农产品的发展作为焦点。区域农产品是指具备区域特色的农产品，其形成过程既有必然因素也有偶然因素。区域农产品主要受三个要素影响：资源优势、政府或带头人引导、农民意愿。资源优势是农产品区域品牌形成的必要条件。因为农产品本身就是自然环境的产物，区域的地理位置、土壤特质、气候条件等自然条件组成的资源优势是特色农产品形成的基本条件。如果不具备自然条件，就很难形成具有竞争优势的农产品，没有特色的农产品就不能产生集群效应。另外，区域农产品形成需要政府或者带头人的引导。众所周知，具有"中国蔬菜之乡"的寿光，是因为有带头人将大棚技术引进寿光才使"寿光蔬菜"区域品牌声名鹊起。区域农产品形成还需要广大农民的加入，只有通过引导，让农民意识到区域农产品的优势，种植、养殖这样的产品能够使他们改善生活质量、提高生活水平，才会调动广大农民积极参与区域农产品的建设，从而形成区域农产品的集聚效应。

2.幼稚期：农产品集群

关于幼稚期的研究，代表性的学者主要观点是：幼稚期是农产品集群阶段，即区域农产品的生产形成规模后，具备了一定的社会影响力和市场占有率。一个品牌的综合价值=品牌的市场占有能力+品牌的超值创利能力+品牌的发展潜力。所以，市场是农产品集群形成区域品牌的主要途径，是检验区域品牌竞争力的重要指标。在这一阶段，所有涉农组织和涉农人员都以开拓市场、推广农产品品牌为己任，农村带头人就会组织农民销售产品。渠道中的农村经纪人也会依靠手中的市场资源与产品生产者进行讨价还价，将农产品推向更远的市场。一些有能力和远见的农民从家庭作坊转向企业模式，小规模的农民企业初露端倪。随着农产品销售范围不断扩张，产品的质量和特性得到消费者的肯定，消费者口碑由此形成。政府看到区域农产品给当地带来了经济效益，改善了农民生活水平，就会加大扶持力度，帮助区域农产品进行宣传。集聚效应引起了更多人的关注，相应的行业协会由此产生，一些高校、科研机构等对农产品的成长、市场推广等问题开始密切关注。

随着农产品集群的快速发展，目前全国各地的政府为了发展当地的农业经济，积极推出特色农产品，并且通过政策扶持、舆论导向等方式鼓励农民种植、养殖相应的农产品。比如，山西省政府出台了《山西省优势农产品区域布局规划》，计划用3~5年时间，优先培育数十种在国内外市场有较强竞争力的特色农产品；与此同时，初步构筑起了山西省地域特色鲜明和品牌效应突出的20个优势农产品区域。目前，山西省特色农产品共获得中国驰名商标40多个，入选"中华老字号"企业近百家。某种程度上，品牌是现代农业的标志，推动传统农业转变升级就是由资源变产品，产品变商品，商品变名品的过程。靠品牌整合资源，靠品牌壮大产业，靠品牌开拓市场，已经成为山西省推动特色农业的重要手段。然而，目前我国很多地方的农产品区域品牌仍处于该阶段，产业集群初具规模，产业链也处于形成过程之中。在这一阶段中，市场开拓是品牌经营主体的首要职责。

3. 成长期：农产品区域品牌形成

农产品区域品牌的成长期，即农产品区域品牌形成阶段，是指农产品集群经过发展已经拥有产业优势和区域环境优势。区域品牌建设对于主体有一定的要求，即权责明确、经营有方，这样的品牌才会有较高的市场知名度和美誉度。处于该阶段的品牌不胜枚举，如浙江的"西湖龙井""临海蜜橘""安吉白茶"等，山东的"烟台苹果""金乡大蒜""寿光蔬菜"等都远近闻名，并且都获得了很高的经济效益，市场价格高出无品牌产品至少20%，凸显了农产品区域品牌的优势。

农产品区域品牌的核心竞争力主要是政府和行业协会，它们对农产品区域品牌的发展具有重要作用，但是它们在区域品牌的建设中主要起辅助作用，而集群区内的龙头企业才是农产品区域品牌建设的主体，同时也是区域品牌的最大受益者。一般来说，品牌的独特性和资源稀缺性使农产品区域品牌具有优势。首先是产业优势，包括品牌优势和规模优势。在农产品集群阶段由于良好的消费者口碑和市场运作，形成具有较高知名度的企业品牌、产品品牌，它们共同支撑区域品牌。同时，随着从业人数的增加和种植面积、养殖范围的扩大，规模优势凸显。政府的政策扶持、社会各界的关注与支持造就了品牌成长的软环境和硬环境。特别是软环境中的文化因素赋予农产品区域品牌更多的人文内涵，形成区域文化，使品牌变得鲜活，能够承载更多品牌运作主体的美好祝愿和劳动精神，从而更深层次地向消费者传达基于优质产品和区域品牌的地方文化。

农产品区域品牌建设是一项社会化的系统工程，需要整合各方面的资源，通过政府、行业协会、农业企业共同建设的方式，持续不断地经营和推广农产品品牌的核心价值，提升农产品品牌的消费者影响力、市场竞争力和社会影响力。首先，政府要构建多层次的农产品区域品牌支撑体系，包括区域政府加强宏观的规划和指导，搞好特色农产品区域布局；积极建立和完善农产品区域品牌的供应链体系，整合供应链中各部门、各单位的资源，按照相关的统一标准，实施农产品的生产、加工、流通和销售；积极建立和完善品牌管理体系，建设有特色、有规模、有竞争优势、有效益的品牌；大力推动企业与农户联合运作机制的建立，采用"龙头企业+基地+农户"的农业产业化经营模式；优化市场环境、法律和监管环境，提供一个公平竞争的平台。其次，行业协会要科学管理、科学营销区域品牌。行业协会独立于政府部门，又与政府保持着密切的联系，可以协助政府进行相关问题的咨询，帮助政府制定、执行相关政策及法规。此外，行业协会是行业的代表，对于行业的发展情况和存在的问题等都比较了解，可以代表行业企业与政府进行有效的沟通和互动，反映企业的心声，进而影响政府的决策，为企业争取更多的利益。行业协会的作用包括：充分发挥管理职能；积极为企业和农户搭建信息服务平台；帮助企业开拓市场，促进流通，充分发挥技术优势帮助企业和农户；通过多种形式大力推广区域品牌。最后，企业是区域品牌建设的中坚力量。区域品牌建设离不开企业品牌和产品品牌的发展，企业要全面提高经营管理水平，做好企业品牌、产品品牌、区域品牌的市场推广工作。

4.成熟期：农产品区域品牌成熟期

在这一阶段，区域品牌具备很高的知名度和美誉度，市场占有率很高，产品价格由于品牌效应高于同类产品，拥有海外市场并且市场影响力处于快速增长期,产业集群不断扩充和完善,产业链更加成熟,专业化分工越来越细。但是由于农产品区域品牌的公共属性,使得为了追求品牌超额利润的"搭便车行为"越来越严重。以次充好、劣质品驱逐优质品的"柠檬市场"已经极大影响了品牌的市场美誉度,品牌管理和品牌保护成为这一阶段的首要任务。执行的效果如何导致出现两种情况,一种情况是由于管理失误或一些不可抗拒的因素,使农产品区域品牌消亡;另一种情况是由于运用了科学的区域品牌运营战略和策略,农产品区域品牌的竞争力进一步提升,并且表现出旺盛的生命力和稳定发展的趋向。同此,政府应对生产过程进行全方位监控,引入"优胜劣汰"机制,并且在渠道流通中开通"绿色通道"以保证产品质量。行业协会要对区域品牌行使具体管理职能,制订行业标准,引导行业自律,加大品牌保护力度。企业在进行品牌保护的时候,不但要对自有品牌进行合理保护,还要保护区域品牌。相比较而言,企业品牌保护的任务更为艰巨。企业要实施产品质量认证,开展全面质量管理,保证产品质量。同时,要进行技术创新,提高品牌质量,开展质量跟踪,提高售后服务质量,以及重视品牌法律保护、商业秘密的保护、域名的保护。

1.2.2 农产品区域品牌的特性

农产品区域品牌化的研究经历了从无到有,从"高度重视"到"实践落地"的不同历程,在发展过程中呈现出以下特性。

一是地域独特性。农产品区域品牌是以当地独特的自然资源为基础建立的,对地域具有绝对的依赖性。不同地区的自然资源使同品种的农产品在品质、口味、外观上存在巨大的差异,决定了品牌农产品的特色。特定区域的自然资源直接决定了某个农产品是否适合在该地区生产或种植,因此,农产品区域品牌一般是在某一特定的地理区域,依靠该领域独特的自然资源禀赋，受该区域的人文历史、经济条件及政策的影响而逐渐形成的，具有很强的区域文化特色。地域的自然条件成就了农产品优良的品质和特殊的历史人文文化，这是农产品区域品牌建立乃至成功的重要决定因素（许可，2018）。

二是公共物品属性。许可（2018）认为农产品区域品牌具有公共产品属性，即非排他性和非竞争性。李学工和易小平（2010）也对此进行了解释，他们的观点是：区域品牌的使用权属于区域内的相关经济体，社会成本不会因为使用者的增加而提高。刘月平（2009）则指出，农产品区域品牌的利益和产权为该区域内的所有相关经济体共享，因此，农产品区域品牌是介于"纯私人产品"和"纯公共产品"之间的准公共产品。农产品区域品牌具有公共物品性，属于公共产权。农产品区域品牌产权具有以下特点：一是区域内外产权排他性不同，对区域内所有从事该农产品生产经营的主体具有非排他性，对区域外经济主体则具有排他性；凡是区域内生产经营该农产品的经济主体具有资格使用该区域品牌，而区域外的经济主体则必须得到授权方可使用。二是农产品区域品牌非竞争性，区域内任一经济主体使用农产品区域品牌不影响其他主体的使用权利，不增加社会成本。

三是以集群为基础的统一性。农产品区域品牌形成的前提是农产品规模化的空间集聚。农产品区域品牌是以特色产业为基础，借助集群的外部性、集聚性、弹性、专精性、根植性等，在产业的技术水平、生产规模、市场占有率等方面形成竞争优势而逐步形成的。它嵌入农业集群的社会关系和经济关系中，是经济网络、社会网络、创新网络及品牌网络的统一复合体（俞燕，2015）。林春晓（2014）认为，农产品区域品牌形成的前提是聚集多个产业，且初具规模，为其品牌的宣传提供了物质基础。随着农业产业集群的发展，该区域产品特性与其他地区同类产品相比，差异化也逐渐凸显，便可用"地名＋产品"的形式进行命名。

四是协同性。从本质上看,农产品区域品牌对该区域的相关经济体而言是一种无形资产,从整体上代表着该地区农产品的具体形象,能够使该地区产品在同类产品中有很高的识别度。因此,农产品区域品牌的形成离不开产业集聚的发展,而其发展也要有品牌效应的带动作用(王延臣,2012)。品牌效应能够使区域内产品有效区别于其他同类产品,维护区域内农产品的经济利益,帮助降低区域内企业生产销售成本,还能够促进区域内关联企业形成合作、竞争与互动的协同效应(张春明,2008)。

1.2.3 农产品区域品牌形成的影响因素

纵观国内外学者的研究,其共同点都是从区域因素、品牌经营管理因素和政府因素等方面来论述研究农产品区域品牌形成的影响因素。

1.区域优势

农产品区域品牌形成的区域性因素主要体现为区域内软环境、硬环境(地理、气候、土壤)等一系列自然资源,以及人文风貌、历史文化、传统工艺、知识、人才、政策等非自然资源。国外学者的研究主要是强调"区域名"和"产地来源"对农产品品牌的重要作用。把品牌"联系"到其地理来源地,表明某农产品产生于特定地域,用地理来源区别农产品的特定口感、质量、声誉或其他特性,从而成为地方性的独特身份证明,凸显其产品的正宗身份,赢得目标消费者的信任,并提供一种质量保证(Lury,2004)。

地理标志产品在产品生产、品质监管、产业规模、商标使用、文化背景、生产者等方面均具有区域共性特征。可以利用一系列的区域共性特征,创建单一产品品类、全品类的农产品区域公用品牌。如爱达荷州马铃薯委员会注册了"爱达荷州马铃薯"商标;乔治亚州农业部注册了"Vidalia(洋葱头)"品牌,主要是为了识别、促进和保护区域特有的农产品(Lillywhite,

Candra Allison，& Anita，2008）。在同质化竞争中，通过地方（区域）元素品牌化，既突出了产品的地理差异，又可以获得消费者认同（Amin，2004）。地理来源在目标客户人群决策中具有重要作用，比如使客户愿意为区域品牌产品支付更高的价格。所以，以地理标志产品为产业基础，创建区域公用品牌，并形成与企业品牌、合作社品牌、农户品牌等的母子品牌协同关系，创造区域与企业（合作社、农户）的品牌互动模式，能够最大限度地形成区域、产业、企业、农户的合纵连横，创造区域品牌新生态。

国内学者对区域优势因素的研究很多，但主要是从自然地理资源优势、人文历史传承等方面来研究区域因素对农产品区域品牌发展的影响。熊爱华（2008）、马庆学（2016）等学者认为，区域自然地理资源优势为农产品区域品牌的发展提供了物质基础，而区域文化历史积淀则丰富了农产品区域品牌内涵，塑造了独特的品牌文化，提高了品牌知名度和美誉度，获得了产品市场竞争力及消费者的忠诚和信任（见表1-1）。

表1-1　代表性学者对区域优势因素的研究

影响因素	主要学者	主要理论
自然地理资源	夏雷（2010）何迪（2013）	自然资源禀赋可赋予并强化农产品品牌的区域特征，农业的资源禀赋主要是指区域独特的自然地理环境和特有的种养方式，如气候、纬度、水土、土壤类型、植被特征等，都会直接影响农作物的生长过程和质量品质，赋予农产品区域特征
人文历史传承	李亚林（2015）马庆学（2016）	依托地域独特历史人文资源，挖掘农产品区域品牌的历史文化底蕴，将品牌宣传融入当地的文化生活中，不仅能丰富区域品牌的文化内涵，增强区域品牌的情感价值和精神价值，而且最终会凝聚成区域品牌的特色；每一个特定地域（区域）都有自己普遍沿袭的人文历史和人文精神，例如"洛阳牡丹"之所以，成为洛阳的名片，最根本的是洛阳所具有的关于牡丹的悠久人文历史文化
农事节庆活动	胡晓云（2014）徐建文（2015）	以美国大蒜节、加拿大枫糖节、中国洛阳牡丹节、中国北京大兴西瓜节、国际祈门红茶节、中国西湖龙井开茶节等节庆活动为例，构建农事节庆活动对农产品区域公用品牌发展影响力评价模型，以农事节庆活动的方式来推动中国农产品区域品牌的形成与发展

影响因素	主要学者	主要理论
科技创新因素	张光辉（2009）马庆学（2016）	利用现代科技来培育良种、创造优良生长环境，同样可以创造出适销对路的具有优良品质产品的农产品区域品牌。例如，河南省新乡市原阳县通过"引黄游灌、改土治碱、种植水稻"技术创新，采取培育优良品种、科学种植和精加工等措施，使"原阳大米"获得"中国第一米"美誉

综上所述，国内学者的研究表明区域优势因素对农产品区域品牌的发展起到很大的促进作用，提出要注重有效利用自然地理资源优势，充分挖掘人文历史工艺传承资源优势，打造农产品区域品牌的差异化。同时，也强调了自然地理环境资源优势对农产品区域品牌的发展具有刚性约束，文化历史传承有利于品牌文化内涵的挖掘和品牌形象的塑造。此外，学者们还强调区域优势是打造农产品区域品牌的手段和工具，这与国外强调原产地效应和区域营销的研究有相同之处。从采用的研究方法来看，国内研究多采用定性描述而缺少实证分析，未能系统深入地研究区域优势在农产品区域品牌发展中的影响。

2.政府的服务

国内学者对政府在农产品区域品牌发展中的作用也进行了较多的定性研究，强调政府在政策方面的支持，如财政政策、税收政策、金融政策、土地政策、区域规划、发展战略、区域经济发展、区域营销、提供公共服务、人才引进等。政府领导农产品区域品牌发展和建设，主要表现在以下几个方面。

第一，政府为农产品区域品牌发展提供了各种政策支持服务。

首先，政府作为市场的监管者，对农产品区域品牌发展主要进行宏观层面管理，建立区域品牌发展机制，将农产品区域品牌的建设与发展纳入区域经济发展总体规划和顶层设计（吴菊安，2009）。政府进行科学合理的农产品区域布局规划，采取强有力的政策促进特色优势农业产业化经营，依法保护农产品区域品牌，重视区域公共营销，塑造农产品区域品牌形象，提高品牌知名度和市场竞争力（郭锦墉，2015）。政府的政策扶持和宏观管理，为区域品牌发展提供良好环境。还有一部分学者的研究指出，地方政府在农产品区域品牌发展中必须发挥"制定农业区域品牌战略、创造良好区域环境、发挥人才培养引进的优势"三个职能作用（朱玉林，2016）。

其次，政府的宏观调控作用。政府作为促进农产品区域品牌形成的重要主体，必须加强宏观调控，优化名优农产品区域规划（胡正明，2010）。政府要大力支持并主导区域品牌的发展（程杰贤，2018）。政府通过加强农田水利设施、道路交通、农村电网、通信、能源供给设施等建设，强力支持农产品区域品牌发展（宋蕾，2016）。政府作为市场的监管者，能创造一个良好的区域环境，并引导建立一个良性竞争局面（杨艳，2018）。此外，政府要提供良好的内外环境，如积极搭建和完善技术研发推广、信息服务指导、质量检测监管、区域营销推广、物流高效配送等多层次立体公共服务平台，为区域品牌发展营造一个服务高效的政务环境（李道合，2016）。

再次，政府是农产品区域品牌发展的主要推动者。政府完善法规政策，保障农产品区域品牌发展，并通过发挥引导职能、监督职能、服务职能三项职能来促进农产品区域品牌的发展（方喜春，2018）。政府作为主体管理者加强对区域品牌的监管、指导和服务，为农产品区域品牌发展提供物质保障、环境保障、制度保障、质量保障和特色保障（王明昊，2017）。政府要积极建立和完善农产品区域品牌供应链体系，积极建立和完善品牌管理体系，推动"龙头企业基地农户"农业产业化经营模式。企业本身不能完成区域特有农产品品牌向区域品牌整合，这一过程需要政府的主导（王军，2016）。

最后，政府是行业协会运作的支持者。政府不仅授权行业协会管理农产品区域品牌，还要为行业协会提供活动经费和财政补贴（郑秋锦，

2015)。政府要加强对农民合作组织和农业协会的指导、引导与扶持（夏雷，2009）。政府要发挥招商引资的职能，鼓励工商业资本进入，鼓励大型龙头农企投资，带动农产品区域品牌发展（郑秋锦，2015）。

第二，政府提供公共服务指导，引导农产品区域品牌更好地发展。

政府要通过建立公共培训机构，加强对农民和涉农企业的培训（曹垣，2017）。强化农民的科技培训，提高农民整体素质，培养有文化知识、有品牌意识、有科学技能、懂管理经营的新农民，培育和增强农民品牌主体意识（黄俐晔，2009）。政府要组织农产品区域品牌建设的培训和专家指导。政府部门要实施区域名牌战略，加大对农业科技研发、技术推广和环境治理的投入，促进农业产业结构调整（沈鹏熠，2011）。各级政府相关部门，特别是质量技术监督部门，要引导名优特农产品大力开展原产地域保护产品注册或地理标志产品注册，使农产品地域品牌合法化，禁止原产地域范围以外的任何生产者使用，保护当地区域农业的发展（熊明华，2004）。政府要加强区域品牌质量认证体系建设（曹垣，2017）。农产品区域品牌的认证体系和区域品牌竞争行为的仲裁监理，均有赖于政府的积极作为（黄俐晔，2009）。

第三，政府采取多种措施树立良好的区域形象和品牌形象。

政府是地域形象宣传、农产品市场和竞争秩序规范的主体（黄俐晔，2009）。政府要做好农产品规划布局，实施农产品区域品牌营销（成党伟，2015），是推动农产品区域品牌发展的重要力量（黄俐晔，2009）。政府要加强农产品区域品牌顶层设计，实施"走出去"战略（王志刚，2010）。政府要积极组织农企和协会参加各级名优特产品展销会（宋蕾，2017）。政府要协助农企做好区域品牌宣传（张可成，2015），通过举办农事节庆活动，提高地域农产品品牌知名度，树立良好区域形象（宋蕾，2017）。政府作为市场监管者，要实施农产品区域品牌发展战略，将农产品区域品牌发展纳入区域经济发展规划，借鉴寿光政府优化农业布局规划的经验，培育龙头农企，拓宽农企融资渠道，实施科技兴农，完善质量体系，搭建品牌推广平台。

总之，政府对农产品区域品牌发展的引导扶持，如提供各种政策支持、实施品牌战略、实施区域营销、塑造区域形象和组织品牌评价等，归根结底是政府宏观调控农产品区域品牌发展模式。但以上研究都是以定性研究或案例研究为主，缺少对发展机理的定量分析和实证研究，且研究缺少系统性。

3.品牌经营管理因素

国内外学者都强调品牌经营管理对农产品区域品牌发展起着重要影响作用，主要表现在以下几个方面。

首先，增强品牌意识，提高品牌竞争力。具体表现为以下方面。一是要增强农业经济主体的品牌意识，建立专业协会，实行"龙头企业生产基地农户地理标志"的产业化模式（吴菊安，2009），积极培育大型农业产业化龙头企业，发挥龙头农企对农产品区域品牌发展的带动作用（马清学，2010）。二是要建立农产品区域品牌授权使用和管理监督机制（李亚林，2010），重视区域品牌危机管理，建立危机预警系统（曹垣，2017）。加强企业自律教育，杜绝"搭便车"和品牌滥用（李亚林，2010）。三是要实施成本领先战略，提高区域品牌竞争力（瞿艳平，徐建文，2012）。加大对农民的科技培训力度，提高农民素质、经营能力、品牌意识（孙双娣，沈鹏耀，2011）。四是要强化区域品牌定位、包装和传播，树立良好的区域品牌形象（黄洁，2008）。此外，政府要完善区域品牌，发展技术支撑，强化品牌设计和质量设计（黄俐晔，2009），做好区域农产品区域品牌规划（吴菊安，2009）。

其次，塑造品牌形象，提升农产品区域品牌。具体表现为以下方面。一是要加强区域品牌管理，规范品牌经营，维护区域品牌形象（曹垣，2007）。二是要依靠科技来打造强势区域品牌形象（熊爱华，2015）。三是要挖掘区域独特的人文历史资源，丰富农产品区域品牌文化内涵，塑造良好的品牌形象（常国山，2009）。通过精心策划和营销推广，提高农产品区域品牌知名度（王志刚，2010）。四是要鼓励农产品区域品牌产业的龙头农业企业上市融资（王庆，2014）。五是政府建立对农产品区域品牌发展投入人力、物力、财力的系统工程，塑造区域品牌整体形象（黄俐晔，2009）。特色农产品区域品牌形象由农产品的产品形象、区域形象、消费者形象和企业形象四个维度构成，独特的地理位置和厚重的人文历史传承是区域品牌形象的亮点（许基南，2016）。李安周（2011）认为原产地形象与区域品牌具有天然关联，必须把原产地形象纳入区域品牌形象建设中，同时有效防范各种侵权行为，制定各种保护措施维护农产品区域品牌合法权益。

综上所述，品牌经营管理因素对农产品区域品牌的建设起着重要作用。国内学者虽然从商标注册认证、授权管理和质量管理等多视角来探讨农产品区域品牌发展，但是缺少定量实证研究和系统化研究，而且没有明确农产品区域品牌的经营管理产权机制，使农产品区域品牌发展缺少具体责任主体，"所有者虚位""公地悲剧"问题仍然存在，不利于解决农产品区域品牌的公共产品难题。

1.2.4 农产品区域品牌形成过程的研究

农产品区域品牌的形成从"蓄势"到"迸发"，需要一个过程，制度设计必须运用新理念、新思路、新方法，既要符合现代品牌理论基本原则和一般规律，又要体现国情、省情和农情，从普遍规律和农产品现状出发，从纷繁复杂的事物表象中把准建设脉搏，在众说纷纭中开好建设药方，逐步建立起具有地方特色的现代农产品区域品牌体系。

国外学者认为，农产品区域品牌不能独立形成，必须与某一特定地域、经济发展水平、质量安全、科技进步等要素结合。法国学者斯蒂芬·查特斯和大卫·梅尼瓦尔（Stephen Charters & David Menival，2013）的研究表明，地域内产业集群的发展有利于农产品区域品牌的形成。帕克森和桑德（Parkerson & Saunders，2005）在区域产品的相关理论下，构建出城市品牌测量维度模型，通过模型分析并指出该模型下影响农产品区域品牌的相关因素。学者菲利普·科特勒（2009）认为，农产品区域品牌的形成需要愉快、诚实、质量、安全和进步这五个元素的结合，且五个要素缺一不可。不同于前者的研究，摩根（Morgan，2002）提出准确的品牌定位、独立的品牌个性及联想是提高农产品区域品牌利益、形成农产品区域品牌的大前提。准确的品牌定位能够为农产品品牌的发展提供方向，减少生产成本；独立的品牌个性及联想能够使消费者加深对该区域农产品品牌的印象。迈克尔·波特（2002）认为，区域品牌是区域经济发展的产物。当区域经济发展到一定程度时，随着经济效益的提高，农产品区域品牌效应也随之提高，农产品区域品牌也就自然而然地构建成功。罗森菲尔德（Rosenfeld，2002）较早指出，促使区域品牌形成的重要因素是产业集群。当特定区域的产业形成集群时，该区域的产业对外界来说就形成一个品牌，这个品牌具有公共性，是该地区共有的品牌。学者安杰拉·特里盖尔和菲利波·阿菲尼（Angela Tregear & Filippo Arfini，2007）认为，农产品区域品牌的形成必然要依靠当地政府的大力扶持和推动。政府在资金方面的大力支持，能够激发生产者对于农业行业的热情。一般来讲，政府目标的正确确立及政府领导的号召力都是形成农产品区域品牌的关键因素。

国内多数学者研究农产品区域品牌的形成阶段及和影响因素之间的逻辑关系，揭示了农产品区域品牌的形成和发展历程。具体表现为以下方面。一是从农产品区域品牌形成的影响因素看，许基南和李建军（2010）通过对特色农业产业集群的研究发现，特色农产品区域品牌的形成会受区域形象、产品形象及特色农产品购销企业等因素的影响，其中最重要的是区域形象，独特的地理位置和文化习俗是农产品区域品牌的亮点。王丹（2012）从开展绿色消费的方面提出农产品区域品牌的成长经历了运用区域优势形成产业集群的过程，进而经历认证、维护、提升农产品区域品牌三个阶段，有效地提高了该区域农产品的品牌力度，扩大了农产品产业收益。田云章（2013）将农产品区域品牌形成的着重点总结为品牌价值成长、品牌生命周期和品牌运作过程三个维度。王军和李鑫（2014）主要强调政府的引导作用，提出政府引导企业形成区域品牌意识，构建区域特有农产品品牌整合框架，将区域农产品品牌分为区域品牌尚未形成的潜伏阶段、"区域＋农产品"的形成阶段和已经有知名度的成长阶段三个阶段。刘婷（2016）将影响农产品区域品牌的因素分为内生因素和外生因素。其中，自然资源、人力资源、资金、农业科技等属于内生因素；而市场需求、政府政策等属于外生因素。曹汝英（2013）认为，市场需求、农业科技、资金这三个要素至关重要，对形成农产品区域品牌起着决定性作用。余燕（2016）也从地理、经济和社会三个维度构建农产品区域品牌的模型，提出产业供应链和政府的影响力对农产品区域品牌的推动作用。

1.2.5　农产品区域品牌效应研究

随着对农产品区域品牌各方面研究的深入，学者们开始从不同角度深入分析农业领域中划分出的品牌效应问题。

德国经济学家艾尔弗雷德（Alfred Webber，1909）从经济产业的角度提出产业集群效应即区域品牌效应能够节约成本。他认为，若干个企业集中在特定的区域能够给该地区企业带来较高的收益或节省较多的成本，技术水平也会有所提高，而技术水平和产品专业化水平的提高又能促进产业的进一步发展。保罗·古里埃（Paolo Gurrier，2002）提出品牌可以促进该区域产业集群的发展。品牌具有公共性的特点，对消费者来说该地域的品牌不只是属于一家企业的，它涵盖该地区所有的企业，因此，消费者会对该地域的品牌产生忠诚度，能够促进该地区产业的发展。此外，还有一部分学者从消费者的角度出发，定量分析了农产品区域品牌给消费者带来的切身利益。

国内学者将农产品区域品牌效应的研究重心放在理论方面，较少学者从实际出发，对实证研究的分析较为零散。唐松（2015）认为应该从农产品标准化管理、政府监督管理、社会传媒的作用三个方面提升农产品品牌效应，建立以特色农产品为基础的农产品品牌市场。郝鑫（2015）从收益共享、产业集聚、关联产业带动及农业经济发展四个方面分析了农产品区域品牌效应，认为品牌效应的形成需要建立健全质量安全标准化体系和质量监管系统，创新组织形式并树立品牌营销理念。王明友等（2012）提出区域品牌效应包括聚合、扩散和持续三方面的内容，要充分利用区域产品产生的效应，结合相应的区域品牌战略，充分发挥品牌增强区域核心竞争力，带动区域经济增长的作用。丰兴汉和张骞等（2012）的研究表明，唐河产粮品牌效应的持续出现，源于当地政府的支持政策及标准化生产基地带动，以完善的基础设施推动，以创新的科技方式拉动，以高效的市场运转推动的战略对策。张月花和薛平智（2013）通过研究陕西省农产品的经济效益之后发现，在得到地理标志保护后，农产品地域品牌的生产和经营模式趋于标准化，生产、加工、销售全过程都实行统一标准化的控制，农产品质量在政府和相关行业、企业的控制下得到提升，这也是陕西省苹果优果率高于全国平均水平的原因之一。陈堃辉（2015）认为，安溪铁观音没有发挥出品牌效应的原因在于宣传不力、龙头企业的作用没有得到发挥、政策举措缺位、产品品质较差，在此基础上提出了以财政投入为主的多元化融资体系，用于弥补宣传经费不足的问题；政府积极推出激励企业成长的扶持政策，加强行业协会及生产基地的科技推广服务，用以解决产品品质问题，最终提升平乐县水果绿色食品的品牌效应。

1.2.6 产业集群与农产品区域品牌的关系研究

关于农业产业集群与农产品区域品牌的关系，国内学者进行了大量的研究，其观点主要为：一方面，在农产品区域品牌形成过程中，农业产业集群在其中有着极其重要的作用；另一方面，农业产业集群是基于具有特殊地理资源优势的农产品发展而来的，其发展直接制约着农产品区域品牌作用的发挥，是形成、发展和保护农产品区域品牌的重要载体和基础，所以实行农业产业集群能够有效地提升品牌的竞争力。其中代表性学者的观点有以下几种。王缉慈等（2001）以"跨科学"的视角对企业集群进行了探讨，评价了经济地理学研究的新兴产业区位的相关研究成果，研究结果表明培育彰显地域特征的企业集群，通过提升区域创新能力营造区域竞争优势是提高企业竞争力的关键。熊爱华（2008）则指出，产业集群为区域品牌建立提供了有形资产，而区域品牌则代表了产业集群的无形资产，二者之间能够形成磁场效应。孙冬林和鲁兴启（2010）认为二者互动效应表现为：产业集群奠定了区域品牌的内涵要素，促进区域品牌形成、管理和维护；同时，在区域品牌的形成及培育过程中，通过文化内涵、约束机制、磁场效应、辐射效应等推动产业集群逐步向高级阶段发展演化。此外，部分学者强调了产业集群的重要作用。何迪（2011）认为农业产业集群对区域品牌建设的影响主要体现在三个方面：资源禀赋强化了品牌区域特性；集群抗风险性奠定了长期性的品牌竞争优势；集群成本优势有助于提升品牌附加值。周洪霞（2012）指出，农业集群是农产品区域品牌建立的基础，起到了品牌孵化器的作用；而农产品区域品牌则为农业产业集群发展提供了外源推动力，明显提高了产业集群的竞争力。

1.3 研究意义

1.3.1 理论意义

1.为农产品区域品牌的研究弥补不足

目前，在全世界范围内有关区域品牌理论的研究非常少。所谓的"Regional Brand（区域品牌）"或"Local Brand（本土品牌）"指在区域销售的品牌是和全球品牌相对应的。国内对区域品牌的研究较晚，理论相对缺乏，而对于区域品牌的培植方式进行研究的更是凤毛麟角。本书对农产品区域品牌的分类、形成机理、效应及提升对策都进行了比较深入的研究，弥补了这一研究领域的不足。

2.为品牌管理理论的研究提供一定借鉴

一般来说，传统的品牌理论主要研究单个企业的品牌，而现代市场竞争中品牌已经超过了单个企业的层面，区域品牌、产业品牌的影响和作用日益突出，这样传统品牌管理理论就存在明显不足。本书站在产业集群的视角，在研究农产品区域品牌与产业集群的关系、农产品区域品牌与企业品牌的关系的基础上，探讨产业集群对区域品牌的建设及产生的影响，这是对传统品牌管理理论的有力补充。

3.为博弈理论的丰富和发展开拓新领域

农产品区域品牌的建设及发展，最主要的是解决政府、企业、行业协会之间的关系问题。由于农产品区域品牌的公共属性，在农产品区域品牌的形成过程中存在一个类似"囚徒困境"的难题。本书在韦伯的区位论、马歇尔的外部经济理论和波特的新产业区理论的基础上，将冯·诺依曼和摩根斯坦恩的博弈理论引入农产品区域品牌管理领域，可以说是一次很有意义的尝试，极大地丰富和发展了博弈理论。

1.3.2 现实意义

1.为区域经济的发展奠定了理论基础

产业集群目前已经成为我国许多地区振兴地方经济的重要手段，大力发展本国或本地区的强势品牌，提高产品的溢价能力是一个国家或地方政府发展区域经济的一项重要策略。品牌既是一个国家和地区在市场竞争日益国际化背景下的起始点，也是落脚点，品牌竞争力已成为一个国家和地区核心竞争力的指标之一。然而，我国目前对农产品区域品牌认识不足，具有强劲优势的农产品区域品牌还很少。这严重影响了农业产业集群和地区经济的持续发展。因此，本书从解决实际问题出发，引进了一系列新的思想和方法，最后又应用到实践中去，为区域经济的发展奠定了理论基础。

2.为地方政府建设农产品区域品牌提供了借鉴

随着"农业立国，品牌强国"的理念的形成，农产品品牌建设从"高度重视"向"实践落地"转移。那么农产品区域品牌建设中政府、企业和行业协会应该发挥的作用是什么？农产品区域品牌的形成过程中如何有效利用现有农业基础？农产品区域品牌又如何有效提升企业品牌？区域品牌创建的条件有哪些？为了解决这一系列难题，迫切需要符合当前经济发展要求的新品牌管理理论的支撑。本书通过对农产品区域品牌形成机理及效应的研究，明确了不同地域、不同产业集群农产品区域品牌的具体模式，该研究成果有助于地方政府和企业共创基于农业集群的农产品区域品牌的实践。

3.为地方政府制定地方经济发展规划提供了依据

目前，我国许多地方政府都在大力培育主导行业，以主导行业为核心发展产业集群。本书能够引导各地政府从战略高度重视农产品区域品牌的建设和经营，科学制定适合市场和本地条件的产业政策，建立完善的品牌市场化运营体系，协助中介协会做好农产品区域品牌的定位、设计、注册和宣传推广，促进地方产业集群与农产品区域品牌的融合发展。

1.4　研究的主要内容与框架

本书首先在国内外研究述评的基础上，对相关概念进行界定并对农产品区域品牌的基本原理和基本理论进行了概括和总结；接着系统地阐述了农产品区域品牌的形成机理的主体、力量源泉、形成过程与生成路径；在此基础上对农产品区域品牌进行了实证研究，并提出相应的对策建议。

本书共分为九章，各章的主要内容如下。

第一章"绪论"。本章主要论述了研究背景、国内外研究综述、研究的理论与现实意义、研究内容及方法等。

第二章"概念界定与相关理论基础"。本章对产业集群和农产品区域品牌的相关理论进行论述，阐述了产业集群的概念、特性、本质，界定了区域品牌的内涵、特性，分析了二者之间的关系，提出了区域品牌分析的基本框架。

第三章"农产品区域品牌形成机理分析"。本章主要界定了培育区域品牌过程中各主体的职能，明确了农业区域品牌形成的力量源泉及生成路径，为后面的模式比较和实证分析奠定了分析基础。

第四章"农产品区域品牌建设的实证研究"。本章的内容包括农产品区域品牌效应理论研究假设及实证检验，变量操作化定义及测度，研究数据搜集、量表的信度和效度分析，假设检验、检验结果及讨论。

第五章"农产品区域品牌形成中的博弈模型分析"。本章将整个农产品区域视作政府、企业、行业协等的博弈平台，分析了农产品区域品牌创建中政府与企业的博弈、企业与客户群的博弈模型。模型的实证分析证明了农产品区域品牌培育中企业、政府竞争合作的合理性和科学性。

第六章"国内外农产品区域品牌建设的对比研究"。本章在理论基础上分析国内外农产品区域品牌建设的差别，借用其他产业品牌建设的典型案例，获得创建农产品区域品牌的启示。

第七章"个案研究：山西省农产品区域品牌效应研究"。本章以山西省为例，运用实证研究的方法，分析山西省农产品区域品牌建设概况，通过实地调查、整合数据，建立农产品区域品牌效应影响的因素模型。通过对关联产业带动效应、价值共享效应、品牌带动效应、农业经济发展推动效应四方面的分析，研究山西省产业集群下农产品区域品牌建设的效应理论。

第八章"农产品区域品牌提升的路径及对策建议"。本章从政府、企业、社区、行业协会等利益相关者的角度提出农产品区域品牌建设的具体路径与提升对策。

第九章"研究结论与展望"。本章总结了全书的研究结论，并对未来进一步的研究提出了展望和设想。

全书框架结构如图1-1所示。

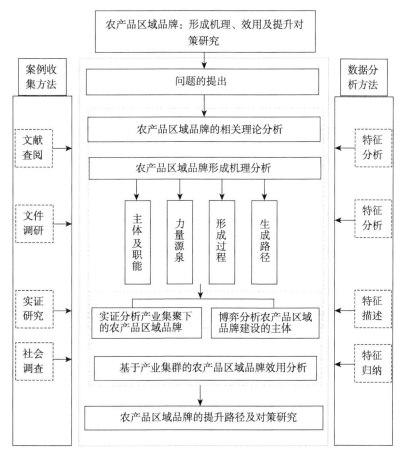

图1-1　框架结构

1.5　研究方法

1.理论研究与实证研究相结合

本书综合运用经济学理论、品牌管理理论、竞争力理论、博弈论等有关理论，分析了农产品区域品牌的建设及发展。根据科特勒的营销理论、品牌理论，跨学科地分析了农产品区域品牌的建设；用博弈论的方法分析集群内企业与企业、政府与企业等各利益主体的行为。对于将农业产业集群引入农产品区域品牌方面的理论目前还缺乏系统的研究,本书是一种初步尝试。

2.文献查阅与实地调研相结合

充分利用学校图书馆及网络数据库资源,广泛收集国内外农业产业集群、农产品区域品牌建设等相关研究文献和最新资料,及时了解国内外最新成果和发展动态。与此同时,对农产品区域进行深入调研并对相关管理部门及科研单位进行走访,广泛听取政府工作人员、专家学者及相关研究人员的意见及建议,收集了山西省农产品品牌的相关数据资料,为本书提供了丰富的素材。

3.比较研究与案例分析相结合

对国内外农产品区域品牌建设进行比较研究与案例分析,选择具有代表性的国家和地区进行经验借鉴。从地理要素禀赋、政府扶持力度、科技进步等方面分析比较了荷兰、澳大利亚及美国等国家的农产品区域品牌建设的成功模式,与我国福建、山东、新疆等地的典型农产品区域品牌进行对比分析,为其他地区农产品区域品牌建设提供了一定的参考经验。

1.6 创新之处

1.基于博弈论理论为农产品区域品牌的主体分析提供了理论基础

本书在博弈论分析基础上,借助博弈模型分析工具,建立了区域品牌主体职能的分析框架,提出了在农产品区域品牌形成的过程中,企业与企业、企业与政府、行业协会,企业与客户等的博弈行为,即集体合作的协同效应。

2.基于结构方程模型构造出农产品区域品牌建设的路径关系

本书在研究假设的基础上，采用李克特量表，将外生潜变量和内生潜变量相对应的观察变量具体化。研究结果表明，影响农产品区域品牌形成的主要因素是地理要素禀赋、政策扶持、区域品牌文化、区域品牌协作及产业集群。其中地理要素禀赋、政策支持、产业集群因素是直接影响因素，区域品牌文化及区域品牌协作是间接影响因素，在农产品区域品牌形成中起中介作用。通过地理要素禀赋、政策扶持、产业集群、区域品牌文化及区域品牌协作等核心品牌因素推动，构筑了农产品区域品牌的资源优势、价值链优势、品牌文化优势及政策优势。

3.基于产业集群与品牌效应两个视角对山西农产品区域品牌进行了研究

本书以山西农产品区域品牌建设为个案，不仅对山西农产品品牌化利益相关主体间相互作用行为及效用影响因素进行了深入分析，而且从产业集群视角，探究了山西农产品品牌化战略模式，总结归纳了不同类型的效用模式对农产品品牌化的形成机理与战略实施经验。

第2章　概念的界定与相关理论基础

近年来，农业产业集群已经得到了理论引导和实践应用。然而，基于农业产业集群的农产品区域品牌建设的研究尚未形成系统的理论，因此，本书在对农产品区域品牌、农业产业集群等概念进行科学界定的基础上，对相关的理论基础进行梳理，以此为农产品区域品牌建设提供应用与实践性的支撑与启发。

2.1　概念的界定

2.1.1　产业集群的概念界定

产业集群（Industry Cluster）亦称"产业簇群""竞争性集群"，是国外学者在20世纪70年代提出的，主要运用于经济学、地理学、管理学、社会学等不同学科领域。具体来说，产业集群是指在特定区域中，具有竞争与合作关系，且在地理上集中，由交互关联性的企业、专业化供应商、服务供应商、金融机构、相关产业的厂商及其他相关机构等组成的群体。不同产业集群的纵深程度和复杂性相异，代表着介于市场和等级制之间的一种新的空间经济组织形式。此外，产业集群还包括由于延伸而涉及的利益相关者，包括销售渠道、顾客、辅助产品制造商、专业化基础设施供应商、政府及其他提供专业化培训、信息、研究开发、标准制定等的机构，以及同业公会和其他相关的民间团体。因此，产业集群超越了一般的产业范围，形成特定地理范围内多个产业相互融合、众多类型机构相互联结的共生体，从而构成这一区域特色的竞争优势。目前，产业集群发展状况已经成为考察一个经济体，或其中某个区域发展水平的重要指标，其核心是在一定空间范围内产业的高度集中，这有利于降低企业的制度成本，提高产业和企业的市场竞争力。产业集群主要包括以下几个方面。

从产品结构的角度看，产业集群实际上是某种产品的加工深度和产业链的延伸，在一定意义讲，是产业结构的调整和优化升级。

从产业组织的角度看，产业集群实际上是在一定区域内，某个企业或大公司、大企业集团的纵向一体化发展。如果将产业结构和产业组织二者结合起来看，产业集群实际上是指产业成群、围成一圈集聚发展的意思，也就是说在一定的地区内或地区间形成的某种产业链或某些产业链。

从产业集群的微观层次看，即从单个企业或产业组织的角度分析，企业通过纵向一体化，可以用费用较低的企业内交易替代费用较高的市场交易，达到降低交易成本的目的。通过纵向一体化，可以增强企业生产和销售的稳定性；通过纵向一体化行为，可以在生产成本、原材料供应、产品销售渠道和价格等方面形成一定的竞争优势，提高企业进入壁垒；通过纵向一体化，可以提高企业对市场信息的灵敏度；通过纵向一体化，可以使企业进入高新技术产业和高利润产业等。

总之，关于产业集群的概念界定，不同的学者有不同的观点，各学者的观点见表2-1。

表2-1 国外代表性的学者对于产业集群概念的界定

学者	提出时间	定义或内涵
斯瓦尔安登·普雷韦泽 （Swareand Prevezer）	1996年	集群在这里被界定为某一地理范围内的某一产业中的一群企业。

学者	提出时间	定义或内涵
罗森菲尔德 （Rosenfeld）	1997年	产业集群仅用来指代因在地理位置上接近以及相互依赖而能产生协同作用的企业的聚集，虽然这些企业的规模并不突出
迈克尔·波特 （Michael Porter）	1998年	集群是相关企业和机构在某一特定区域的地理集中现象。产业集群由一系列相关联的企业和其他对竞争有重要影响的实体组成
费瑟 （Feser）	1998年	经济集群不仅指相关的和相互交错的产业或机构，更应该指相互关联和支持的机构通过优化它们的关系从而变得更有竞争力
斯瓦尔安登·普雷韦泽 （Swareand Prevezer）	1998年	产业集群意味着某一特定区域范围内相关产业中的一大群企业的聚集
辛德·赛奈特 （Simdeand Seinett）	1999年	产业集群可界定为主要是通过供应链及在相同的市场环境下运作的、有着高度合作的大量相关联的企业或服务公司
克劳昌德·法赫勒 （Crouchand Fahrer）	2001年	一个集群是指在某一特定领域，由于共同性和互补性，由相互联系的企业和相关的机构所形成的一个地理上集中的群体
克劳昌德·法赫勒 （Crouchand Fahrer）	2001年	产业集群是指有着相似类型的企业，虽然没有特别多地出现在某一区域，却有聚集到一起的趋势

2.1.2　农业产业集群的概念

农业产业集群是指在农业生产基地周围，因共性或互补性而聚集的一些以加工农产品为主的企业和机构所形成的一个有机群体。其成员包括农户、农产品加工行业、服务行业、金融行业及相应的科研机构。其中，生产基地中的农户、加工农产品的企业、专业化投入的供应商，以及专业化基础设施的提供者是农业产业集群的主体。农业产业集群向下会延伸到销售渠道和客户，并从侧面扩展到制造辅助性产品的公司，以及掌握相关技术并投入的产业公司、研究机构、产业机构等。农业产业集群主要包括以下几方面。

从产业链的各环节来看，农业产业集群是在农业经济发展的区域范围内，围绕农业的产前、产中和产后环节，位于农业产业链上下游的相关企业和支撑机构，发挥农业生产各项的优势，在专业化合作和区域规模经济的带动下，形成的集聚发展的有机群体。通过产业链在一定区域内的大量相关企业和辅助性机构的集聚发展，逐渐增强竞争力。

从经济效应的体现来看，农业产业集群主要体现在规模经济与范围经济效应方面。其中，规模经济效应是随着加入农业产业集群的企业增多，整个行业规模不断扩大，产量也随之增加，农业产业集群中的各个企业平均生产成本下降。此时，外部规模经济效应依赖于企业数量的增加，而不是单个企业规模的扩大。伴随着集群规模的不断扩大，农业产业集群必然体现出规模经济效应的作用。范围经济效应体现为农业产业集群的产生和发展会对地区经济产生一种拉动力，农产品加工企业为主体，相关行业产品的种类和提供服务的类型也因此增加，从而为多样化经营带来了有利条件，对周围的其他经济体带来一定的辐射效应和示范效应。

我国现有的农业产业集群模式主要有科技示范园模式、专业化小城镇模式、外来资金驱动型模式，以及市场依托型模式（见表2-2）。

表2-2　我国现存的农业产业集群模式

农业产业模式	模式简介
科技示范园模式	科技示范园的主体是农业科技企业，主要依托于农业先进技术，以市场为导向，在经济发达地区，以促进区域农业结构调整和产业升级为目标
专业化小城镇模式	专业化小城镇是由于区位优势或自然禀赋差异而形成的，在农村或乡镇工业基础上的农业集群，可分为加工制造业主导型、农副产品加工型及旅游型小城镇
外来资金驱动型模式	由于农业资源优势及政府扶持政策导致吸引大量外商投资，以及外商投资企业的集中，使该区域形成集聚效应，从而形成产业集群

2.1.3 农产品区域品牌

农产品区域品牌指的是特定区域内相关机构、企业、农户等所共有的，在生产地域范围、品种品质管理、品牌使用许可、品牌行销与传播等方面具有共同诉求与行动，以联合提供区域内消费者的评价，使区域产品与区域形象共同发展的农产品品牌。一般来讲，农产品区域品牌有三个特殊性。

一是地域独特性。农产品区域品牌一般须建立在区域内独特自然资源或产业资源的基础上，借助于区域内的农产品资源优势。而特定区域的自然资源直接决定了某个农产品是否适合在该地区生产或种植，其品质也受当地的自然资源影响，因此农产品区域品牌一般是在某一特定的地理区域，依靠该领域独特的自然资源禀赋，受该区域的人文历史、经济条件及政策的影响而逐渐形成的，具有很强的区域文化特色，一旦脱离了该特定领域，产品的特色也会随之丧失，产品的市场认知度将大幅下降。

二是公共物品属性。农产品区域品牌具有公共产品属性，即非排他性和非竞争性。农产品区域品牌权益不属于某个企业或个人，而为区域内相关机构、企业、个人等共同所有。一般来讲，区域内各个相同和相关生产经营者共享农产品区域品牌的利益，共担区域品牌的风险；没有既定的外延边界，即任何组织或个人只要符合规定条件，都可申请使用农产品区域品牌。此外，农产品区域品牌的利益和产权为该区域内的所有相关经济体共享，因此是介于"纯私人产品"和"纯公共产品"间的准公共产品。

三是具有产业集聚基础。农产品区域品牌形成的前提是集聚多个产业，且初具规模，为其品牌的宣传提供了物质基础。随着农业产业集聚的发展，该区域产品特性与其他地区同类产品相比，差异化也逐渐凸显，因此可以"地名+产品"的形式进行命名。

2.2 相关理论基础

2.2.1 新经济地理理论

新经济地理理论（简称"NEG理论"）是20世纪90年代由保罗·克鲁格曼等学者开创的。该理论将运输成本纳入理论分析框架，因为运输成本的减少会引发聚集经济、外部性、规模经济等问题，把这些要素融入企业区位选择、区域经济增长及其收敛与发散性问题，就会得出不同于传统区域经济理论的观点。所以，克鲁格曼提出，新经济地理理论是继"新产业组织理论""新贸易理论""新增长理论"之后最新的经济理论。

新经济地理理论的核心是"核心—外围模型"。在"核心—外围模型"中，三种基本效应组成了该模型的基本机制。一是"本地市场效应"（Home Market Effect），是指垄断竞争厂商倾向于选择市场规模较大的地区进行生产并向市场规模较小的地区出售其产品。二是"价格指数效应"，是指厂商的区位选择对于当地居民生活成本的影响。在产业集聚的地区，商品一般来说比其他地区要便宜一些，这是因为本地产品的种类和数量较多，从外地输入的产品种类和数量较少，因而本地居民支付较少的运输成本。三是"市场拥挤效应"，是指不完全竞争厂商喜欢在竞争者较少的区位进行生产。前两种效应形成了集聚力，促使厂商的空间集聚；而后一种效应形成了分散力，促使厂商的空间分散。

新经济地理学理论研究为解释经济活动的集聚和扩散现象提供了新的视角、理论、方法和工具。该理论抓住了导致产业集聚最为本质的经济力量——收益递增，其核心思想是，即使两个地区在自然条件方面非常接近，也可能由于一些偶然的因素导致产业开始在其中一个地区集聚。由于经济力量的收益力量递增作用，在地区间交易成本没有大到足以分割市场的情况下，就可能导致产业的集聚。克鲁格曼等学者所提倡的新经济地理理论丰富了国际经济学研究中有关跨国企业的区位选址问题。他们提出的规模经济、外部经济具有很强的前瞻性，以规模经济、报酬递增、不完全竞争假设条件来研究区域经济问题比新古典经济学更接近现实。克鲁格曼的垄断竞争模型在融合传统经济地理学理论的基础上，综合考虑多种影响因素，如收益递增、组织理论、向心力和离心力等的作用，证明了低运输成本、高制造业比例和规模有利于区域集聚的形成。新经济地理理论的关键贡献在于建构了清晰、严谨、精致的模型，打破了传统国际贸易理论中生产要素不能流动而商品贸易又无成本的不实际假设，为经济活动的空间研究提供了一个主流经济学的标准分析框架，使经济集聚与区域增长在一定程度上成为主流经济学关注的中心；特别是利用理性决策和简洁的一般均衡来模型化分散和集聚、向心力和离心力之间的均衡问题。运用这些分析工具，在一般均衡分析框架下处理收益递增、贸易成本、迁移及投入与产出。通过这些努力，克鲁格曼等经济学家力图把新经济地理理论带入主流经济学的殿堂。

新经济地理理论的新意并不在于它对集聚现象的描述，而在于它在新的假设下对现象背后的内在机理的深度揭示。揭示集聚经济源于报酬递增及产业集聚随运输成本非线性变化乃是新经济地理理论的根本创新之所在，它突破了以往的"集聚经济导致集聚"的循环论证。在本书中，新经济地理理论把空间问题纳入主流经济学研究范围，论述了农业产业集群在发展过程中各个因素的互相影响，并用企业规模经济、运输交通条件、人力资本、对外贸易等相关因素来分析对农业产业集群对农产品区域品牌的影响程度。

2.2.2 钻石模型理论

迈克尔·波特钻石模型理论又称波特菱形理论，该理论用于分析一个国家某种产业为什么会在国际上有较强的竞争力。波特认为，决定一个国家某种产业竞争力的因素主要有以下几项。

1. 生产要素——包括人力资源、自然资源、知识资源、资本资源等

波特将生产要素划分为初级生产要素和高级生产要素，其中，初级生产要素是指天然资源、非技术工人、资金等；高级生产要素则是指现代通信、信息、交通等基础设施，以及受过高等教育的人力、研究机构等。波特认为，初级生产要素的重要性越来越低，因为对它的需求在减少，而跨国公司可以通过全球的市场网络来取得（当然初级生产要素对农业和以天然产品为主的产业还是非常重要的）。高级生产要素对获得竞争优势具有不容置疑的重要性。高级生产要素需要先在人力和资本上大量和持续性地投资，而作为培养高级生产要素的研究所和教育计划，本身就需要高级的人才。从另一个角度讲，生产要素被分为一般生产要素和专业生产要素。其中，专业生产要素是指高级专业人才、专业研究机构、专业的软硬件设施等。一般来讲，越是精致的产业越需要专业生产要素，而拥有专业生产要素的企业也具有更大的竞争优势。一个国家如果想通过生产要素建立起产业强大而又持久的优势，就必须发展高级生产要素和专业生产要素，这两类生产要素的可获得性与精致程度决定了竞争优势的质量。如果国家把竞争优势建立在初级与一般生产要素的基础上，它通常是不稳定的。

在实际竞争中，丰富的资源或廉价的成本因素往往造成没有效率的资源配置，而人工短缺、资源不足、地理气候条件恶劣等不利因素，反而会形成一股刺激产业创新的压力，促进企业竞争优势的持久升级。

按照钻石模型理论，资源丰富和劳动力便宜的国家应该发展劳动力密集型产业，但是这类产业对大幅度提高国民收入不会有所助益，同时仅仅依赖初级生产要素是无法获得全球竞争力的。

2. 需求条件——以本国市场的需求、预期性需求为主

第一，国内市场需求是产业发展的动力。国内市场与国际市场的不同之处在于企业可以及时发现国内市场的客户需求，这是国外竞争对手所不及的，因此波特认为全球性的竞争并没有减弱国内市场的重要性。波特指出，本地客户的本质非常重要，特别是内行而挑剔的客户。假如本地客户对产品、服务的要求或挑剔程度在国际上数一数二，就会激发出该国企业的竞争优势，这个道理很简单，如果能满足最难缠的顾客，其他客户的要求就不在话下。如日本消费者在汽车消费上的挑剔是全球出名的，欧洲严格的环保要求也使许多欧洲公司的汽车环保性能、节能性能全球一流。美国人大大咧咧的消费作风惯坏了汽车工业，致使美国汽车工业在石油危机的打击下久久缓不过神来。

第二，预期性需求。如果本地的顾客需求领先于其他国家，这也可以成为本地企业的一种优势，因为先进的产品需要前卫的需求来支持。德国高速公路没有限速，当地汽车工业就非常卖力地满足驾驶人对高速的狂热追求，而超过200千米乃至300千米的时速在其他国家毫无实际意义。有时国家政策会影响预期性需求，如汽车的环保和安全法规、节能法规、税费政策等。

3. 相关产业和支持产业的表现——这些产业和相关上游产业是否有国际竞争力

按照钻石模型理论，对形成国家竞争优势而言，相关和支持性产业与优势产业是一种休戚与共的关系。波特的研究提醒人们注意"产业集群"这种现象，即一个优势产业不是单独存在的，它一定是同国内相关强势产业一同崛起的。以德国印刷机行业为例，德国印刷机雄霸全球，离不开德

国造纸业、油墨业、制版业、机械制造业的强势。美国、德国、日本汽车工业的竞争优势也离不开钢铁、机械、化工、零部件等行业的支持。有的经济学家指出，发展中国家往往采用集中资源配置，优先发展某一产业的政策，孤军深入的结果就是牺牲了其他行业，钟爱的产业也无法一枝独秀。

本国供应商是产业创新和升级过程中不可缺少的一环，这也是它最大的优点所在，因为产业要形成竞争优势，就不能缺少世界一流的供应商，也不能缺少上下游产业的密切合作关系。另一方面，有竞争力的本国产业通常会带动相关产业的竞争力。按照波特的观点，即使下游产业不在国际上竞争，只要上游供应商具有国际竞争优势，对整个产业的影响仍然是正面的。

4.企业的战略结构、竞争对手的表现——国际需求的拉力、本地竞争者的压力或市场的推力

波特指出，推进企业走向国际化竞争的动力很重要，这种动力可能来自国际需求的拉力，也可能来自本地竞争者的压力或市场的推力。创造与持续产业竞争优势的最大关联因素是国内市场强有力的竞争对手。波特认为，这一点与许多传统的观念相矛盾，若国内竞争太激烈，资源会过度消耗，必然会阻碍规模经济的建立；最佳的国内市场是有两到三家企业独大，用规模经济与外商抗衡，并促进内部运作的效率化。

5.机会

波特指出，对企业发展而言，形成机会的可能情况大致有几种：基础科技的发明创造；传统技术出现断层；外因导致生产成本突然提高（如石油危机）；金融市场或汇率的重大变化；市场需求的剧增；政府的重大决策；战争。机会其实是双向的，它往往在新的竞争者获得优势的同时，使原有的竞争者优势丧失，只有能满足新需求的厂商才能把握"机遇"。

6.政府

波特指出，从事产业竞争的是企业，而非政府，竞争优势的创造最终

必然要反映到企业上。即使拥有最优秀的公务员，也无从决定应该发展哪项产业，以及如何获得最适当的竞争优势。政府能做的只是提供企业所需要的资源，创造产业发展的环境。政府只有扮演好自己的角色，才能成为扩大钻石体系的力量。政府可以创造新的机会和压力，政府直接投入的应该是企业无法行动的领域，也就是外部成本，如发展基础设施、开放资本渠道、培养信息整合能力等。

根据以上分析，钻石模型是对产业集群整体实力的评价，集群的竞争力可通过四个基本因素和两个外在因素进行评价。四个基本因素包括生产要素、需求条件、相关产业，以及支持产业的表现、企业的战略结构、与竞争对手的表现。与此同时，在发展过程中，还包括机遇和政府强有力的支持两个外界影响因素。

波特提出的这几个要素具有双向作用，从而形成钻石体系（见图2-1）。

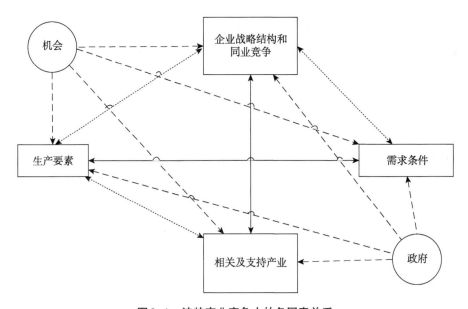

图2-1　波特产业竞争力的各因素关系

钻石模型对研究的启示在于，该模型的四个基本因素和两个整合因素是推动农产品区域品牌建设的有效途径。其中，科技的创新和政府的支持尤为重要。农产品区域品牌保持竞争优势的方式就是不断创新，这种创新既包括新技术的研发，也包括农业产业集群体制结构的创新，创新能有效推动农产品区域品牌的发展。

2.2.3　品牌竞争力理论

品牌竞争力是企业核心竞争力的外在表现，具有不可替代性，是企业所独具的能力，是竞争对手不易模仿甚至无法模仿的能力；是使企业能够持续盈利、获取超额利润的品牌溢价能力。

菲什认为，竞争力使企业较其竞争对手更有能力去创造、获取、应用知识——广义地说是技术，而品牌竞争力是企业对技术、知识的学习和应用，是形成竞争优势的根基所在。与该观点类似的有美国哈佛大学的斯科特及洛奇的看法。他们认为，品牌竞争力是指企业在与其他企业的公平竞争中，使用人力和资金资源以使企业持续发展的能力。这两个定义重点突出竞争力的来源和决定要素。世界经济论坛常务理事长葛瑞理教授认为，竞争力就是"企业和企业家设计、生产和销售产品和劳务的能力，其产品和劳务的价格和非价格特性比竞争对手更具有市场吸引力"。与此定义类似，科特勒认为"竞争力是比竞争者更有效率地满足消费者的需求"。他们认为企业的产品优势和市场认定优势反映出竞争力。

综上所述，品牌竞争力是指竞争主体在与对手相抗衡时，在竞争过程中其所表现出来的市场力量，它是在企业外部资源与内部资源、能力、素质的综合作用下，最终在市场竞争中所体现的力量。品牌竞争力具有以下五个特征。

第一，品牌竞争力具有能力比较性。品牌竞争力是在品牌竞争过程中表现出来的比较能力，如产品的质量、价格、市场占有率等。

第二，品牌竞争力具有目的利益性。品牌竞争最直接的目的是获得更多的顾客，占有更大的市场份额，以实现再生产的高效循环，因此最根本的目的是获取利润。

第三，品牌竞争力具有竞争动态性。品牌竞争力会随着市场结构和竞争行为的变化而变化，其强弱不是绝对的、持久的。

第四，品牌竞争力具有形成过程性。品牌竞争力的培育和建立及竞争能力的消长是需要一定的形成过程的。

第五，品牌竞争力具有资源整合性。品牌竞争力是企业资源配置的产物，也是企业运作系统和品牌管理系统整合的产物，缺少任何一种必要的资源或者系统中某一环节整合不佳，都会影响品牌竞争力的培育和建立。

本书认为，农业产业集聚为农产品区域品牌的生成和发展提供了物理空间载体，而农产品区域品牌的知名度和荣誉度又反过来体现企业信誉和产品质量，代表了农产品区域品牌竞争力。

2.2.4 品牌效应理论

品牌是商品经济发展到一定阶段的产物。最初的品牌使用是为了使产品便于识别，在近代和现代商品经济高度发达的条件下，品牌迅速发展起来，究其原因，在于品牌使用给商品生产者带来了巨大的经济效益和社会效益。品牌效应正是在这种背景下受到世界各国企业重视的。品牌效应是品牌为企业带来的效应，它是商业社会中企业价值的延续。在当前品牌先导的商业模式中，品牌意味着商品定位、经营模式、消费族群和利润回报。树立企业品牌需要企业拥有很强的资源统合能力，将企业本质的一面通过品牌展示给世人。树立品牌效应的方法主要有广告、公关、日常行销、售后售前服务等，这些都对品牌树立有直接影响。品牌效应也是品牌在产品上的使用，为品牌的使用者所带来的效益和影响，是品牌使用的作用。品牌效应的表现形式主要有以下几种。

第一，品牌可以保护生产者的利益。经注册之后的品牌，成为企业的一种特有的资源，受到法律保护，其他企业不得仿冒和使用。若发现冒牌商品可依法追究并索赔。如果产品不注册，就不受法律保护，会给企业带来损失。

第二，品牌是有效的推销手段。品牌在产品宣传中，能够使企业有重点地进行宣传，简单而集中，效果迅速，印象深刻，有利于在产品销售中使消费者熟悉产品，激发购买欲望。

第三，品牌可以帮助消费者识别和选择商品。品牌效应在产品宣传中产生。消费者购买商品不可能都经过尝试后再购买，主要依据品牌效应而购买。一个品牌如果知名度高，即便消费者未曾使用过，也会因品牌效应而购买。品牌效应的产生既可能是因为经营者自身的宣传，也可能是因为其他消费者对品牌的认可。

一般来说，品牌效应的作用主要有以下几点。

第一，品牌效应是树立企业形象的有效途径。随着商品经济高度发展，产品的同质化程度越来越高，也就是同类产品之间的差异缩小了。在这种情况下，企业为了保护自身利益，品牌应运而生。品牌本来只是个标志，是个极具个性化的标志，但它却是该企业产品的代表。当然，品牌效应对企业是有好处的，不仅是对企业的一种保护，而且也有利于企业的发展。

第二，品牌是企业产品质量、特征、性能、用途等级的概括，凝聚着企业的风格、精神和信誉。当消费者一接触品牌，这些内容便迅速在头脑中反映出来，从这一意义上讲，品牌还代表企业的市场。

第三，品牌效应是产品经营者因使用品牌而享有的利益。一个企业要取得良好的品牌效应，不仅要加大品牌的宣传广度、深度，而且要以提高产品质量、加强产品服务为其根本手段。

按照以上观点，本书认为，农产品区域品牌竞争力的形成不仅受消费者因素的影响，还受到农业企业运作系统、产业环境和社会环境及支持体系的影响。

2.2.5 农业区位论

农业区位论是德国农业经济学家杜能（J.H.Thunen）于1826年在其出版的《孤立国对于农业及国民经济之关系》一书中首次提出的。他采用抽象分析法研究最优农业布局使单位土地利润最大化的问题，对城市外围地区农业生产的合理分布模式进行了详细的论述，主要结论有以下几点。第一，城市作为消费中心是影响其周围农业用地的一个主导因素，以距离城市中心的远近及农产品运输费用的大小作为衡量地租额高低和土地利用集约化程度大小的标志，并对各类农产品的生产进行布局及定位。第二，按土地区位地租高低，即距市场远近，确定土地利用的合理集约度。即距城市中心市场越近，地租越高，土地利用的集约度也相应越高。第三，对因气候、土壤等自然条件而限制市场畅销的农产品，必须迁就特定产区而又远离中心消费市场的，应对这些产品进行加工转型，以利远销。第四，对易腐保鲜农产品、单位产品体积或重量大而价值低的产品，为节省运费和土地或为加快销售速度，其产地应离消费中心较近。

该理论还提出了以中心城市为核心的农业分布圈层理论，将以城市为中心向外呈"同心圆状"扩展的农业区域划分为六个具有层次性的农业圈层。第一圈层为自由农作圈，主要生产鲜菜、牛奶；第二圈层为林业圈，主要生产木材；第三圈层为轮作农业圈，主要生产谷物；第四圈层为谷草农作圈，主要生产谷物、畜产品，以谷物为重点；第五圈层为三圃农作圈，主要生产谷物、牧产品，以畜牧为重点；第六圈层为畜牧圈，其外围是荒野。

按照农业区位论，农业区位圈层规律是土地的单位面积产量和收益由中心向外围逐渐递减，农业的集约化水平也由内向外降低。

农业区位论对农产品区域品牌的建设及发展起重要指导作用，尤其是对农产品的生产布局的层次性和地带性的研究非常值得借鉴。按照区位与功能分区，使得以城市为中心的不同的区域重点发展不同的特色农产品，以实现农业资源的高效利用，然而农产品区域品牌的建设及发展又远远超越了农业区位。杜能圈层理论启示我们，易腐保鲜的农产品应该选定在消费中心附近生产。

2.3　本章小结

本章对农产品区域品牌、农业产业集群等相关概念进行了界定和辨析，并对相关理论进行了介绍。具体而言，首先分析了农产品区域品牌内涵、基本特征，以及农业产业集群内涵、基本特征等；在此基础上，阐述了与农产品区域品牌研究相关的理论，包括新经济地理理论、钻石模型理论、品牌竞争力及品牌效应理论。

第3章 农产品区域品牌形成机理分析

前两章主要从提出问题、研究内容和整体思路等方面进行了阐述，这些研究为本章奠定了坚实的理论基础。因此，本章将从构成农产品区域品牌的主体、力量源泉、形成过程及机理等方面进行详细的论述。

3.1 构建农产品区域品牌的主体及其职能

由产业集群发展到农产品区域品牌，需要政府、行业协会和龙头企业等主体的积极作用。农产品区域品牌的创建是在一个区域范围内，以政府为主导，以行业协会为辅助参与者，以龙头企业为主体，由区域内企业共同创立名牌，以带动区域品牌形成与发展（见图3-1）。

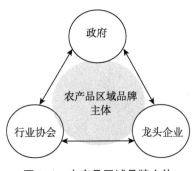

图3-1 农产品区域品牌主体

3.1.1　政府是区域品牌形成的主要推动者

政府是农产品区域品牌形成的主导力量，它在农产品区域品牌形成中扮演了重要角色，其主要作用如下。

第一，建立良好的政策制度。一是政府制定符合区域农产品未来发展的战略规划，通过财政政策加大对农产品区域品牌发展的资金投入力度，同时出台一系列优惠扶持政策与安排专项扶持资金等手段来扶持农产品区域品牌，完善各种财政补贴措施和金融机构对农产品发展的信贷支持，有效推动农产品品牌企业的不断发展；二是政府要建立和完善农产品区域品牌形成制度，以发展区域品牌战略为契机，引导和促进品牌的等级分类和分层发展，培育新型农产品区域品牌的主体和组织，如农村合作社、家庭农场、大型品牌龙头企业等；三是政府制定农产品区域发展的政策体系、财政体系和市场体系，并通过吸引外来投资扩大市场规模，扶持龙头企业打造品牌产品，从而促使该地区同种类企业形成具有一定影响力的农产品区域品牌，进而推动农产品集群区的经济发展，有效提升其区域品牌核心竞争力。

第二，建立完善的基础设施。各地政府通过修复水利工程、交通运输、通信设施、推广农产品新技术、建立农产品服务体系、提供良好的市场环境、改善当地的环境等方式，调整农产品的生产结构和区域布局，使企业的生产成本不断降低，流通成本也逐渐减少，从而实现劣势区域产品逐渐淘汰，农产品生产向优势区域集中，形成农产品的集群区，进一步促进农产品区域品牌的形成，把区域品牌建设作为地方政府的公共工程，大力投入资金建设农业配套工程，逐渐完善农业产业区的道路交通、通信、水利、能源供应等基础设施，努力改善和提高农业信息化水平，积极树立区域形象，为农产品区域品牌的成长创造一个良好的外部环境。

第三，给予全面的公共服务。政府要对农产品区域发展提供服务指导和重点支持，其主要包括以下方面。一是建立和完善农产品区域品牌的管理制度，严格依据规程实施标准化生产及综合管理，规范生产过程，科学合理地使用农业投入品，开展技术培训，提高农产品的标准化生产水平；二是对农产品进行市场研究，为经营者提供市场信息和供求关系，以减少企业的信息搜集成本，加快区域农产品的发展；三是为市场发展创造先决条件，打造良好的区域品牌形象，加强区域品牌的宣传力度，完善农产品区域品牌认证体系；四是积极培育市场，构建农产品区域品牌发展的知识平台，并规范农产品的市场竞争秩序和农产品的品牌竞争行为，从而进行品牌的管理与维护。

第四，加大科学技术研究的投入力度。政府在农产品上加大对科技创新和技术研发的投入，建立系统的农产品科技研究体系，积极研发带有本地特色的优质农产品，并充分利用科研院所或涉农院校等高等院校的科研优势，在政策和资金方面予以支持，加强农村科技服务队伍建设，积极引进国内外先进农业科技力量和科技成果，加快农业科技成果的转化与推广，从而满足市场的多样化需求，提高农产品区域品牌的市场竞争力，推动整个区域农产品经济水平的显著提高，促使农产品区域品牌由低级向高级发展。

第五，加强区域品牌的保护机制。政府应完善相关的法律法规，制定有关维护区域品牌发展的地方性法规，建立起农产品区域品牌管理的专业机构，通过资金补贴和共同发展等方式支持、鼓励行业和企业共同打造区域品牌，并加强企业对区域品牌维权的保护意识，鼓励企业之间开展打假活动，对损害区域品牌专利的行为给予严厉的处罚，推动企业主动维护区域品牌声誉的行为。同时，政府要激励同类企业合理利用共有的区域品牌，共同维护、重视企业品牌与区域品牌间的互动，实行双品牌保护制度，使区域品牌带动中小企业品牌共同发展。

3.1.2 行业协会是区域品牌形成的经营者和管理者

农产品区域品牌涉及的农产品种类是多样的，例如水果农产品、茶叶农产品、蔬菜农产品等，与之相对应的有水果行业协会、茶叶行业协会、蔬菜行业协会。行业协会之所以在各行各业中普遍存在，是因为它在其行业扮演着组织者和宣传者的角色，具有独特的、不可忽视的作用。其主要作用包括以下几点。

一是整合资源的作用。行业协会能够对本行业的发展现状和前景进行统计、分析，并对该类农产品的发展提供具体的建议和对策，形成行业内信息共享、技术互助、合作经营、风险共担、利益共享的平台，为农产品集群区的企业提供信息服务，同时整合各地的农产品，建立区域内企业产品目录，组织分散的中小企业共同使用先进的生产技术，达到标准化生产，推动专业市场的形成，为农产品区域品牌的形成创造良好的条件。

二是沟通协调的作用。行业协会代表着行业内全体企业的共同利益，可以用同一个声音向相关协会或政府进行协调沟通，提出企业对于发展农产品区域品牌的共同要求，促使其出台相关政策支持本地区特色农产品的发展。另外，在处理中小企业间的关系时，行业协会应维护双方共同的利益，并协调购销双方利益。此外，在处理纠纷或面对风险时，行业协会是作为一个整体而不是单个企业，这样有利于保护行业内企业的利益，使得整个行业形成共享利益又共担风险的体系。

三是技术指导的作用。行业协会应重点扶持龙头企业、开展技术培训，以龙头企业带动其他中小企业发展，从而使农业产业区整体的经济效益得到提升，推动企业与相关科研院所的交流学习，形成"产学研"的一体化协作，并帮助企业建立自己的科研团队或与各大高校建立科研支持关系，以此来突破农产品在新技术方面的壁垒。

四是宣传和规范区域品牌的作用。行业协会实施区域品牌定位，对区域品牌的塑造、传播和保护等工作加以系统化、规范化的管理。此外，行业协会也可以组织相关的活动，如举办各种不同的农事活动或参加各种交易会、展会、商业合作洽谈会等，以此宣传本地区农产品区域品牌的良好形象，提高区域品牌的知名度，为区域品牌创造良好的发展空间。行业协会还要进一步完善区域品牌的规范使用机制，抵制假冒伪劣商标品牌的行为，加强保护区域品牌的品牌效应，维护农产品区域品牌形象和服务形象。

五是制定标准和监督行业规范的作用。行业协会制定企业统一管理标准，对行业内的企业实行严格、规范化的集中管理，并对本行业产品和服务质量、竞争手段、经营作风进行严格监督；同时，行业协会要维护行业信誉，鼓励公平竞争，打击违规、违法等行为。

3.1.3 龙头企业是区域品牌的建设主体

政府和行业协会对农产品区域品牌的发展都具有重要的作用，但是它们在区域品牌的建设中主要起辅助作用，而集群区内的龙头企业才是农产品区域品牌建设最重要的主体，同时也是区域品牌的最大受益者。

1.农村中小企业的作用

农村中小企业通过优化自身经营方式，制定合理的经营管理策略，努力降低生产成本，在提高产品质量的同时提高企业的销售利润，为企业品牌和区域品牌提供基础保障；加快自主创新，提高同产品间的竞争能力；因地制宜，根据当地的自然条件、文化等因素，大力开发具有当地特色的产品及品牌；提供优良的产品和服务，并通过诚信经营提升农村中小企业在社会公众面前的形象，为区域品牌的形成和推广建立基础；加强农产品集群区内企业间的协作能力，围绕龙头企业进行生产、加工、销售等环节的协作，推动企业间合作共赢，共同维护和发展本地区的区域品牌。

2.龙头企业成为建设主体的原因

龙头企业是推动区域经济发展的重要力量，其之所以是农产品区域品牌建设的主体，主要原因有以下几点。在市场经济的背景下，一方面，龙头企业为了适应市场的竞争环境和追求更高的规模效益，会不断优化企业结构和组合自身的资源要素，采用"中小企业+农民合作社+企业"的生产模式，使生产、流通和营销环节中的各个主体相互协作、共同发展，这样不仅增加了农产品的附加值，提高了市场品牌竞争力，还有利于市场化运作；另一方面，已具有相当规模的龙头企业通过优化农产品产业链，带动相关企业共同发展，促进整个产业链的经济发展，有利于获取更高的规模效益。在技术交流、产品销售、市场开发等方面推动龙头企业与中小企业的协作，形成以质量标准、销售渠道、技术创新、品牌管理为核心的"四位一体"品牌协同管理机制。

3.龙头企业实施的措施

第一，严格抓好产品质量，组织生产优质产品，把好生产、加工的质量关，进行诚信交易，共同维护好区域品牌形象；建立市场信息共享平台和商业贸易共享平台，支持并参加区域品牌的推介活动。

第二，提供农产品区域品牌形成过程中资金、技术等方面的支持，在技术上统一指导，建立技术员分片联户制度，及时准确地向农村中小企业提供各个生产环节的技术服务。此外，通过提升龙头企业的技术创新能力，提高特色产品的生产加工水平，实现传统技艺向先进高新技术转变。

第三，推行农产品品牌战略，打造特色农产品区域品牌。龙头企业要做好宣传维护工作，使自有品牌在竞争环境中更具优势，从而加快农产品加工龙头企业的发展。由于我国目前的农业区域产品大多是依赖自然资源禀赋形成的，因而进入市场的品牌产品以初级产品居多。由于缺少深度加工，所以很多区域品牌农产品的附加值低、价格低，品牌的竞争优势并不明显，竞争力水平难以提升，这样就容易受到市场的冲击。而农产品加工龙头企业不仅具有较大的规模效益，而且拥有较强的创新能力，同时更具有较强的产品营销能力，从这个意义上说，龙头企业是农产品区域品牌首选的销售主体。因此，农产品区域品牌可以借助农产品加工龙头企业来提升品牌的资产价值，加强品牌的竞争优势。

第四，注重人才培养。企业应开展品牌知识、品牌经营、品牌营销等方面的培训，组织员工进修、到外界参观学习等，使他们增长见识、开拓视野、提高个人综合素质和技能，激发员工的工作热情和创造力。同时，企业要加大与科研院所、高等院校的交流合作，和高校联合开设与企业产品相关联的专业，做好人才储备；在现代企业管理模式的基础上，企业应参考优秀的人力资源管理模式并结合自身优势，最大限度地发掘员工的潜力，让其做到人尽其才，才尽其用，各司其职，避免因大材小用、人员配备不合理造成人才流失，尽量使人力资源得到合理有效的分配，从而达到资源利用的最大化。

综上所述，政府、行业协会和龙头企业在区域品牌的形成中起着重要作用，它们形成了相互联系、相互影响的有机整体。其中，政府在制定政策、引导农产品发展、优化农产品环境、提供公共产品和服务等方面发挥着主导作用，并在行业协会的辅助下，结合整体的市场环境，为农产品区域品牌建设创造良好的发展环境。与此同时，政府也会促进企业的发展。为使区域品牌的价值得到更多消费者的认同并使集群企业得到更多的经济利益，行业协会要认真学习政府的指导思想，落实帮扶政策，以非营利的方式推动企业向政府制定的整体产业结构方向发展。龙头企业需要进行人才培养、资金与技术的整合，在政府和行业协会的支持下积极引导和带动整个农产品集群区向前发展，从而使区域品牌不断发展；农户则要配合三大主体战略决策的实施，以整体优势最终促进农产品区域品牌的形成与发展。

3.2 农产品区域品牌建设力量的源泉

农产品区域品牌竞争力作为一种独特的市场力量推动着区域品牌建设，其力量从何而来？本节将从农产品集群的竞争力、软硬环境的竞争力和整合营销的拉动力三方面来进行详细的阐述。

3.2.1 农产品集群的竞争力

农产品集群竞争力是农产品区域品牌竞争力的主要源泉之一。它是集群内不同企业之间相互作用形成的"合力"，也是保持集群竞争优势的动力和源泉。

农产品集群竞争力从现象上展示了集群的竞争优势，包括集群内企业的生产成本优势、技术创新优势和市场竞争优势（见图3-2）。

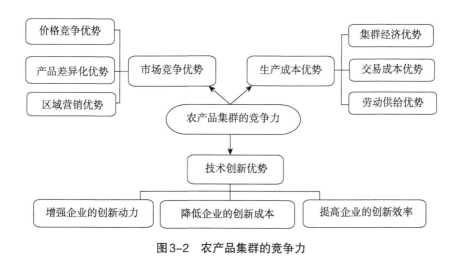

图3-2 农产品集群的竞争力

1.生产成本优势

农产品集群内的企业集中分布，形成了一套完整的专业化分工合作体系，从而有效地降低了企业的生产成本，使集群内的企业获得了明显的成本优势。生产成本优势主要表现为以下几方面。一是集群经济优势。集群内的企业由于分布集中，其可以共用基础设施、公共服务设施和信息资源等，这为企业减少了由于分散布局所需的额外投资，从而降低了生产成本。二是交易成本优势。由于企业间可以通过合作来获得所需的产品和服务，这意味着企业间交易费用的增加。同时，交易成本受区位成本的影响，企业分布越分散，交易成本也就越高。然而，集群企业可以在交易过程中大大降低自己的交易成本。三是劳动力市场的有效供给优势。企业集群一方面会吸引大量的劳动者、技术人员、中高层管理者向本地会集，为企业提供了大量的劳动力，另一方面劳动者在企业间的自由流动逐渐形成人才竞争的现象，从而使集群内的劳动力真正实现有效供给。

2.技术创新优势

在农产品区域品牌形成的过程中，大量的相关企业聚集在一起，加强了彼此的竞争力，使得企业对于新思想、新理念易于接受，新工艺、新技术能够迅速传播，从而加快了企业投入科技研发的力度。企业的技术创新优势具体表现在以下三个方面。

一是增强企业的创新动力。在相对狭窄的集群区内，通常集中了几十家甚至上百家各种大小规模的企业，其进行着同类或相似产品的生产，使集群内的竞争非常激烈。一方面，由于集群内企业之间在市场信息、销售渠道和基础设施等方面的竞争优势差异较小，企业必须通过不断创新来提高自身的竞争优势。因此，迫于企业生存发展的压力，集群内的企业更具有技术创新的动机。另一方面，在集群内，率先进行技术创新并研发出新技术的企业将会获得超额垄断利润，无形中给其他的企业提供了创新动力和压力，从而推动了所有企业重视技术创新与技术升级。正如迈克尔·波特所言："发生在集群内部的绝对性压力，包括竞争性压力，将会激励着集群内企业进行技术创新以突出自己。"

二是降低企业的创新成本。农产品集群的形成，常常会出现企业与人才同时向该地集群的现象。马歇尔曾指出："雇主们往往到他们所需要的有专门技能的工人的地方去；同时，寻找工作的人，自然会到有许多需要他们的技能的地方去。"由于人才的集群，流动性风险的降低，企业为此所付出的信息成本和交易成本都大为降低。此外，集群内的企业共同利用现代化的基础设施、便利的交通及配套的生产服务设施和公共服务等资源，这大大降低了企业在技术创新过程中需花费的固定成本。

三是提高企业的创新效率。农产品集群内的专业化分工为不同企业之间资本、技术、人力资源等生产要素的协同工作提供了机遇，使得集群成员企业都能够将自己有限的资源集中投入单个生产环节的技术创新活动，企业可以充分发挥各自的优势，从而缩短创新周期，降低创新风险，提高创新的成功概率。各个企业的专业化运作，对于技术创新有着巨大的促进作用。将一个企业的生产环节全部分解成几个、十几个专业化的生产环节，分别交给不同的企业来承担，企业可以集中资金和资源在本企业所擅长的生产环节进行技术创新或产品创新，从而使技术创新效率大大提高。

3.市场竞争优势

随着经济的快速发展，人民生活水平的提高，人们的需求呈现出多样化和个性化的趋势，竞争因素也不仅包括价格和成本因素，还包括产品多样化、营销因素和个人偏好等。集群内的企业参与市场竞争，其市场竞争优势主要表现为以下三个方面。

第一，价格竞争优势。集群内企业由于生产成本上的优势，掌握着主动权。企业间由于共用基础设施、相互之间协同合作，降低了生产成本，提高了集群区内企业的市场竞争力。

第二，产品差异化优势。产品差异化是指企业为满足消费者多样化需求而提供的产品或服务，使消费者认同该区域品牌产品并区别于其他地区企业提供的相似的产品。差异化战略使企业竞争战略由原来的价格竞争，转移到在价格基础上的服务与产品为主的市场竞争上来。农产品区域内的企业在应对市场风险的挑战中，可以根据自身情况与市场需求，或独立或与其他企业相互协作组成大小不一的群体进行配套生产，使其在品种、质量、价格、款式等方面具有更大的选择空间，从而满足市场个性化和多样化需求。

第三，区域营销优势。大量生产同类产品的企业在同一地区集群后，可以利用群体效应，加大品牌的宣传力度，从而形成农产品区域品牌。这样可以使单个大企业因广告费用过高不愿意过多投入，而中小企业又因没有过多资金进行广告宣传的状况得到改变，从而使集群内每个企业都因此受益。与单个企业品牌相比，区域品牌是众多企业品牌精华的提炼和总结，具有更广泛的、持续的、代表性的品牌效应。同时，相对于农产品集群，集群中的企业同样遵循优胜劣汰的竞争规律，只要不是由于企业自身技术或自然资源等原因导致企业衰退或转轨，区位品牌效应更易持久。集群形成区域品牌后，不仅可以通过零售或专卖的形式进行销售，而且可以利用网络或电子商务平台提供产品的详细信息，使区域内的每个企业都有平等的机会，使买卖双方交换信息更加便捷。

3.2.2　软硬环境的竞争力

在农产品区域品牌建设的过程中，软硬环境的竞争优势极大地推动了农产品区域品牌的发展，其中硬环境包括区域环境、基础设施和完备的专业市场；软环境包括合作共赢的商业文化氛围、稳定的市场秩序，以及政府、企业和协会的大力支持等。软硬环境的竞争力（见图3-3）。

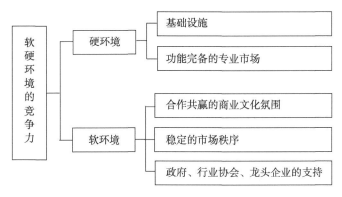

图3-3　软硬环境的竞争力

1.硬环境竞争优势

（1）基础设施。农产品集群区在区域环境中已经占据了区位、经济、自然、技术等因素优势。区位因素是通过位置、交通、通信等的综合作用对集群品牌的形成产生影响，区位条件决定着区域内企业对于产品的选择，从而决定着区域品牌的确认；经济因素主要包括经济基础及要素，如资本、劳动力、企业家才能和土地等，通过不同要素间的组合和优化实现经济的增长，农产品区域品牌的形成亦需要这些要素的优化组合；自然因素是农产品区域品牌形成与发展的物质基础，自然资源的聚集往往决定产业布局指向和产业发展方向，形成潜在的区域资源竞争优势，有利于形成农产品区域品牌；技术因素会影响区域品牌布局的态势及区域品牌的竞争力，同时技术创新水平、科技人员的质量和技术创新能力等因素决定了农产品区域品牌的生命周期。由于企业集群在同一地区，其共用当地的基础设施与公共服务，减少了企业的成本支出，优化了企业生产结构，使之生产的农产品在市场上更具价格的竞争优势。

（2）完备的专业市场。区域经济范围内出现的专业化市场，为农产品区域品牌的形成创造了重要的市场交易条件和信息条件。在完备的专业市场中，企业完全可以享受到信息共享、产品交接及技术创新交流等服务，从而为企业制定发展战略提供了方向,使企业的经济效益得到提高。此外,因其后企业的生产过程也聚集在市场的附近,逐渐形成了企业扩张、生产专业化、外部经济加强、厂商集群、市场扩张的循环效应,最终导致较大规模的农产品区域的形成。

2.软环境竞争优势

(1)合作共赢的商业文化氛围。产业集群区通常汇集了生产同类或相似产品的企业,使区域间企业的市场竞争更加激烈。如果企业各自发展,缺乏相互协作与共同生产经营,单个企业的生存周期就是短暂的,不能够很好地持续经营;而企业间如果能够加强协作,组建企业联盟,这样就可以利益共享、风险共担。区域内的龙头企业应带动中小企业的发展,如龙头企业建立完善的产业链条,将其每部分生产细化,委托给生产同类产品的中小企业,从而形成区域内企业间合作共赢的商业文化氛围。

(2)稳定的市场秩序。一个稳定的市场秩序对农产品区域品牌的发展具有重大作用。公平竞争的市场秩序的形成,有利于市场资源的合理配置;市场准入制度规则、市场竞争规则、市场交易规则的公平、公正,使企业能遵守职业道德、诚信经营、开展正当竞争,以此促进农产品区域品牌的健康发展。

(3)政府、行业协会和龙头企业的大力支持。政府、行业协会和龙头企业这三个主体在农产品区域品牌建设中扮演着重要角色,缺一不可。在政府的推动和行业协会的辅助作用下,农产品区域品牌建设的良好发展环境得以形成,同时促进了企业的发展。为使农产品区域品牌得到更好的发展并使企业得到更多的规模效益,行业协会要认真学习政府的指导思想,推动企业向政府规划的整体布局方向发展。龙头企业需要进行人才培养、资金与技术创新的整合,在政府和行业协会支持下积极引导和推进农产品区域品牌向前发展并不断壮大。

3.2.3　整合营销的拉动力

农产品区域品牌的营销是通过采取一定的营销方式将农产品推向市场以获得广大消费者认可的一项活动，是建立农产品区域品牌竞争优势必不可少的条件。通过农产品区域品牌营销，可以使消费者产生对品牌或产品服务的认同感，提升农业企业品牌的知名度，并在营销的过程中逐渐建立企业的信誉。

1.品牌营销的作用

品牌营销的关键是识别自有品牌与其他品牌之间存在的差异。在当前激烈的竞争市场中，产品的质量已日益完美，企业应加大对售后服务的投资，服务越好，消费者越满意，消费人群也就越大，企业从而建立起品牌差异与消费者认同的企业核心价值之间的联系，向社会公众展示良好的服务形象和值得信赖的产品价值，这就是品牌营销给企业带来的市场价值。

2.农产品区域品牌营销的主要策略

民以食为天，食以安为先。在"舌尖上的安全"占领国民心中"高地"的一刻，便悄然拉开了一场从"田间"到"餐桌"的产业革命、消费革命及品牌革命。近年来，党中央紧密部署、各级政府持续发力，农业向产业化、现代化的方向不断推进，农业企业也开始由"产品营销"向"品牌营销"迈进。农产品区域品牌营销的策略主要表现为以下方面。

一是不断提升农产品区域品牌意识。在实践活动之中，不能将农产品区域品牌这类非常稀缺的资源视为普通品牌。为了培育出更多具备竞争力的农产品区域品牌，应当切实推进农产品集群实现产业化、标准化的进度，不断激活农产品业所具备的集群效应，并且需要不断增强对农产品区域品牌的保护意识，持续强化农产品区域品牌涵盖的产业意识，不断提高农产品区域品牌的传播扩散能力，同时运用科学化、标准化的理论加以指导。

二是健全农产品区域促销机制。农产品集群内的龙头企业和农村中小企业要打好农产品的市场基础。一般情况下，很少有中小企业与农产品组织对农产品进行广泛而深入的宣传与促销，所以农产品区域应当积极调动起各类公关资源，运用绿色农产品形象积极宣传农产品对于消费者的好处和其具有的重要社会价值。针对一些消费者不太了解农产品的问题，农产品企业可采取邀请客户前来免费品尝、赠送产品等形式来提升受关注程度，起到宣传推广的作用，尽可能把潜在消费者转成实际消费者。

三是完善农产品区域营销品牌体验机制。农产品区域内企业要积极连接不同农产品之间的关系，并且展示出农产品营销品牌所具有的真实价值。农产品区域内部的营销品牌建设应当体现出本区域品牌形象与其他地区同产品品牌的区别，并由此衍生出农产品区域内产品和服务所具有的差异性。所以，农产品区域营销品牌价值应当要求区域内的企业提前明确自己的品牌和竞争对手品牌之间的差别，并且通过这一差别来明确该品牌下的各项产品或者服务的具体内容。

3.3　农产品区域品牌形成过程与生成路径

农产品区域品牌建设是一个系统工程，会受到一系列因素的影响，总结起来主要有地理要素禀赋、区域文化建设、政府、企业、农户等影响因素。本节阐述的主要内容为农产品区域品牌建设的影响因素、形成过程和形成机理分析。

3.3.1　农产品区域品牌建设的影响因素

1.地理要素禀赋是农产品区域品牌生存和发展的基础性条件

农产品的生产、加工与其所在的区域环境和自然资源等地理要素息息相关，如土壤、水源、矿产、气候等一系列自然资源，也与人才、技术、信息等要素有直接关系，此外，非技术人才及独有的生产加工方式也对农产品品质造成影响。区域环境和自然资源属于初级生产要素，是指为农业生产提供所需能量或原料的、天然的、特有的自然资源和条件，其决定着区域经济的产业布局和企业发展方向。由于农业产业高度依赖自然资源和自然条件，不同的区域资源要素有很大的差异，这不但严重地影响农作物种植制度和管理措施，而且影响其产品整体质量和水平，从而形成潜在的区域优势，使农产品的品质与其他地区同类产品相比表现出明显的区域特征性，最终导致农产品区域品牌竞争力受到影响。

通常，农产品区域品牌涵盖了其区域农产品的特征，农产品区域品牌蕴含着独特的地理特征、自然资源及传统的历史人文气息，正是有了这些特征鲜明的区域，才生产出具有名、优、特等优势的农产品。因此，要充分利用地理要素，发挥区域资源的禀赋优势，并赋予农产品区域品牌，培养消费者对农产品品牌的价值认同感，有利于形成农产品区域品牌，如新疆的资源优势和独特的自然气候条件决定了新疆棉花的独特品质，是棉花产业集群形成的必要条件。

2.良好的区域文化是构成农产品区域品牌的重要条件

区域文化是在特定的地域内经过上百年的积淀，结合区域历史文化及古老传说形成的特殊文化体系，其对农产品区域品牌的形成起着支撑作用。农产品区域品牌不是一朝一夕就能形成的，一般来说，农产品区域品牌的形成需要一个长期的过程，通过不断传承、融入历史与文化逐渐形成的具有区域特色的农产品,而且这些特色要被人们所熟知,还要求区域特色进行不断的积累、继承和创新,特别是对区域文化的挖掘与发展。

品牌是一种文化的表现,农产品区域品牌也是如此,其包含了区域的文化特征,而这种文化离不开历史传承。区域历史传承赋予农产品区域品牌深刻而丰富的文化内涵,将农业文化凝聚在产品上,即农产品区域品牌凝结了历史价值、人文价值、品质价值和社会文化特征等精神象征。企业在原有的区域环境和自然资源等优势上,将区域文化与区域农产品品牌相结合,形成"区域特色品牌"。依托良好的文化进行产品销售,更好地将农产品品牌与区域文化相结合并赋予更多的文化内涵,利用区域特色文化建立不同于同类产品的品牌定位,并通过营销手段使消费者产生对品牌的认同感,创造品牌信仰,最终在消费者心中建立强烈的品牌忠诚度。这样既有利于区域文化紧跟时代发展的步伐,也有利于产品增加附加值,提高行业的经济效益,促进农产品区域品牌知名度的提升。

可见,农产品区域品牌的形成及进一步发展离不开良好的区域历史文化,这种历史传承为农产品区域品牌奠定了区域文化与区域特色基础。同时,历史传承也是农产品区域品牌不断积累、沉淀的过程,通过这一过程使农产品区域品牌凸显区域特色和区域文化,体现农产品区域品牌的悠久历史渊源,并为农产品区域品牌保持持久的竞争力提供支持。例如,山西吉县的苹果,在依靠当地自然环境优势的基础上,又结合当地的区域文化,被赋予了"黄河之魂"的文化内涵,经过行业的宣传营销,其产品品牌在全国有很高的知名度。

3.政府是农产品区域品牌形成的推动者

农产品区域品牌建设中最重要的主体是政府,同时政府也是农产品区域品牌形成过程中最主要的推动者。政府在农产品区域品牌建设中主要起到以下作用:明确农产品区域品牌未来的发展方向并制定发展战略规划；利用区域自然资源和历史文化等资源丰富区域品牌文化；扩大招商引资规模，扶持龙头企业打造区域名牌产品；引导企业树立品牌意识，要让其认识到品牌的树立和名牌的培育对农产品营销和区域品牌发展的重要性。

在农产品区域品牌建设中，政府要积极培育农产品企业走树品牌、创品牌路线，提高农业企业发展品牌产品的积极性；要培育和增强农户品牌的主体意识；提供、改善和管理基础设施与公共产品；政府要扶持农业龙头企业，按照扶持龙头企业就是扶持农民的发展思路，政府要支持农业龙头企业发展农产品深加工业，延长产业链，促进农产品增加附加值。同时，政府还要支持农产品的产后储藏、处理、加工和运输等关键设备、关键生产线及国外先进设备的购买，通过无息、税费减免、贷款贴息、部分无偿资助和低息专项贷款等方式对龙头企业加以支持，促进农业龙头企业的技术进步。政府要引导龙头企业与农民结成利益共享、风险共担的利益关系，增强龙头企业的带动作用，充分发挥其辐射作用。

4.企业是构建农产品区域品牌的活动主体

企业是农产品区域品牌形成过程中最重要的主体，是农产品的生产者和供给者，同时也是区域品牌作用下最大的受益者。企业之所以是构建农产品区域品牌的活动主体，主要是因为集群内企业通过优化自身产业结构和战略布局为区域品牌建设提供了基本保障，具体包括以下方面。坚持专业化生产方向，围绕企业自身优势生产经营；根据当地特色区域文化及企业特有文化，有效整合本地经济、科技、物资等资源，从而形成具有自身区域特色的产业集群及品牌效应，以促进农产品区域品牌的形成和推广；强化集群内企业间的相互沟通与协作，积极参与区域专业分工，使企业之间更加有效地合作，促进协同效应发挥作用，共同维护区域形象，强化区域品牌的良好形象；重视优化人才结构，打造精英团队，在政府的引导支持下，完善人才引进机制，通过项目、职位、待遇发展前景等方式吸引优

秀创新型人才加入企业，打破地域和聘用的常规模式限制，拓展人才引进
渠道；全面提高经营管理水平和企业文化，借助现代化管理手段和技术分
析方法，不断使其经营管理水平和管理效率得以提高，健全和完善发展各
项规章制度，使企业逐步成为管理水平先进、技术力量雄厚的现代化企业。
除此之外，还要建立企业形象，这样既可以反映企业指标要求，又能体现
人性化关怀的企业文化，使员工能够充分感受到企业的凝聚力和向心力，
并能够自觉地融入企业。

　　5.农户是建设区域品牌的细胞

　　农户是在政府、行业协会和龙头企业的带动下加入农产品区域品牌
建设队伍的，其是农产品区域品牌形成中的竞争主体，是农业生产最基
本的经营单位。区域内农产品的生产成本、质量等均受农户的经营水平、
文化素质的直接影响，进而影响农产品区域品牌竞争力。农户对农产品
区域品牌的形成和竞争力的提升起着重要的作用。我国农村现行的是家
庭联产承包责任制，长期的探索实践表明，这一政策符合我国的基本国
情和农业生产客观规律。经过几十年的发展，农民成为具有明晰产权，
充分自主生产经营，独立核算、自负盈亏，充满生机与活力的生产者和
经营者。

　　当农产品的商品率迅速提高时，广大分散的农户所面对的则是深不可
测的国内外市场，市场风险对单个农户的冲击是产业集聚的最大制约因素，
这为农户合作组织应运而生提供了根本动力。科研单位、农产品经销商、
加工厂及批发市场等集聚内组织以各种方式联合，积极探索产、供、销及
科研、技术培训、储藏、加工等多方位、一体化的经营方式，为农户提供
产前、产中、产后的一系列服务，形成了农产品区域经营格局。

　　农户作为农产品生产的最基层单位，在农产品区域品牌的形成中起到
沟通连接的作用，任何的政策实施、技术创新、优化策略和生产结构调整
等都是通过农户来实现的。政府、行业协会、龙头企业和农户这四个主体

在农产品区域品牌建设中是相互促进、相辅相成的有机整体，各个环节中缺少任何一个主体都是不能实现的。

3.3.2 农产品区域品牌的形成过程

农产品区域品牌的形成创建和提升是在历史传承和沉淀的基础上，通过龙头企业、农产品集群、政府、行业协会及其他组织等各主体推动，依托相应的路径，借助自然资源、历史资源、文化资源、区域特色等多种因素的相互作用和影响，经过长时间的积淀聚合而形成的。区域品牌和农产品集群相互作用，相互促进，共同推动区域经济不断发展（见图3-4）。

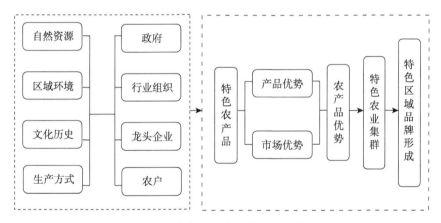

图3-4 农产品区域品牌的形成过程

1.农产品区域品牌和农业产业集群的良性互动关系

农业产业集群是农产品区域品牌形成的基础，推动了农产品区域品牌的形成。农业产业集群是基于具有当地特殊地理资源优势的农产品发展而来的，其发展直接制约着农产品区域品牌作用的发挥，也是形成、保护和发展农产品区域品牌的重要载体和基础。在特定区域内，由于优越的自然条件和特色区域文化环境，围绕某一主导产业而形成的具有持续强势竞争力的产业集群,其借助区域内本身具有的知名度和美誉度的特色资源和特色农产品,吸引了更多企业进一步加入和协同。它的形成和发展保障、促进和提升了区域特色内涵和区域内农产品的质量、信誉与形象,从而推动农业区域品牌的进一步形成,而农业产业集群能否发展与壮大则进一步决定了农产品区域品牌能否不断深化与沉淀,决定其能否持久地发挥品牌效应。

农产品区域品牌是农业产业集群发展壮大的内在要求,促进了农业产业集群的发展。农产品区域品牌反映着区域内农业产业集群的内在品质和外在形象,体现了区域内农产品整体的技术、质量、档次、形象和服务,以及集群内企业的发展水平和信誉水平,代表着区域企业集群的市场融入度和市场竞争力。农产品区域品牌的培育和发展壮大是农业产业集群发展和壮大的内在推动力,农业产业集群如果没有良好的区域品牌作为内核支撑,其区域特色和文化传承就难以彰显和继承,也就难以使产业集群内部形成合力去开拓、占领和巩固市场,整个农业产业集群的可持续发展也将会受到影响。

2.农产品区域品牌的形成过程

农产品区域品牌是基于特定的自然资源、特殊的地理特征、悠久的历史文化、特殊的农业生产方式等区域特色,经过长期的历史传承、沉淀和创新之后,形成的具有独特品质特性的产品品牌。在政府、行业协会、龙头企业、农户的共同推动下,区域内农产品由于拥有其他区域产品所没有的特点和优势,从而拥有了自己特殊的产品优势和市场竞争优势,该产品和市场优势逐渐形成了区域农产品优势,使得该地区具有特色化、规模化的企业不断聚集,并最终形成具有区域特色的农业产业集群。当农业产业集群形成后,由于农产品间的关联效应,促成了区域内各种资源的集聚及企业间的交流和合作,因此进一步降低了生产成本,提高了产品质量和技术水平,使农产品具有更强的市场竞争力,并在该区域内形成较高的知名度和美誉度。农业集群在区域优良环境的推动下,以及不断强化区域特色的过程中，代表区域特色的区域品牌就诞生了，并在当地政府、行业协会组织、相关企业等运营主体的参与下，通过制定品牌发展策略、明确品牌定位、设计产品包装、策划品牌传播、策划区域品牌、保护与维护区域品牌等，逐渐形成农产品区域品牌。

3.3.3　农产品区域品牌的形成机理分析

通过本章前两节的论述，说明了农产品区域品牌与农产品集群是区域经济发展中一对不可分割的复合体，二者的内在联系和互动关系为分析区域品牌形成机理提供了思路。农产品集群的两个重要优势特性——产业优势特性和区域优势特性为区域品牌形成提供了最基本的条件，其形成机理见图3–5。

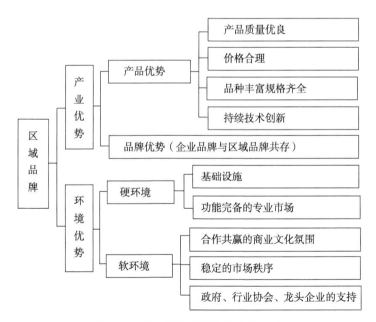

图3–5　农产品区域品牌的形成机理

由以上分析可知，农产品区域品牌与农产品集群的关系体现为以下方面。

1.农产品集群中的产业优势是农产品区域品牌形成的基石

集群中的产业优势主要通过产品优势和企业品牌优势两方面来体现。首先，产品优势可以具体反映区域产品的质量、品种、规格、价格和技术含量等，企业通过改进生产技术和产品售后服务等措施，不断提高产品质量、赢得消费者美誉与信赖。其次，品牌优势中企业品牌只能为特定的经营者所专用，企业既是企业品牌的注册者、所有者，也是企业品牌的使用者。目前，国内很多农业产区都使用区域品牌和企业品牌并存的模式，以提升在市场竞争中的品牌优势，企业可以通过不断加大品牌的运营机制创新，以消费者更易接受和接触的方式去宣传、传播品牌，以消费者更便捷、有效的模式去发展品牌，以品牌运营创新机制去寻求农产品区域品牌的市场竞争优势地位，从而促进当地农业的发展。

农产品集群正是如此，如新疆依据资源禀赋优势，推出"白""绿""红"特色区域品牌建设。"白"是指以特色棉花为主的棉花产业，如"锦"牌、"银力"牌、"北疆"牌等棉花品牌；"绿"是指以优质香梨为主的果蔬加工业，例如新疆的库尔勒香梨以香、甜而闻名；"红"是指以番茄、红花为主的加工工业，现已在市场上占有一定份额。我国茶叶地区区域品牌的发展也日益增长，如"西湖龙井""安溪铁观音"等都属于典型的茶叶区域品牌，"峨眉山茶"中的"峨眉雪芽"，"紫阳富硒茶"中的"春独早"，"云南普洱茶"中的"七彩云南"等都是品牌优势中企业品牌与区域品牌共存的典例。

2.良好的区域商业环境是构成区域品牌的基础性条件

集群内的环境主要有硬环境和软环境两方面内容。硬环境是指那些能为集群内企业进行生产、交易而提供便利的基础设施、公共服务的功能完备的专业市场；软环境相对于硬环境而言，主要包括诚实守信的商业文化氛围，公平的市场竞争秩序，政府、行业协会和龙头企业的支持等。产业集群作为一个开放式的系统，必然会受到诸如区域经济发展水平、区域政策、区域资源禀赋、区域基础设施环境等的影响，与产业集群相联系的集群品牌的形成亦是如此。

3.4 本章小结

本章对农产品区域品牌形成机理进行了详细的阐述，主要包括以下三个方面。首先介绍了构建农产品区域品牌的主体，并分别对政府、行业协会、龙头企业的地位及其作用进行了分析，三者协同促进区域品牌的发展；其次对农产品区域品牌形成中区域品牌建设的力量源泉进行了论述，总结出了农产品集群的竞争力、软硬环境的竞争力、整合营销的拉动力三方面竞争力优势，并对其竞争力的内涵、特征一一进行阐述；最后根据农产品区域品牌建设的影响因素，总结出了区域品牌的形成过程和区域品牌的形成机理。通过本章研究总结出以下结论。

第一，自然资源、文化历史传承、生产方式、产业集群在农产品区域品牌形成过程中具有直接的影响。同时，农产品区域品牌在形成过程中还受到政府、行业协会、龙头企业及科研院所、新闻媒体等机构的影响。

第二，农产品集群是一个复杂的自适应系统，而企业间的协同合作是农产品集群最重要的系统属性。在农产品区域品牌形成发展过程中，企业间是竞争性与协同性统一，即企业之间一方面相互竞争，另一方面又同舟共济、共担风险，从而形成一种有效的协同机制。

第4章 农产品区域品牌建设的实证研究

前一章对农产品区域品牌建设的主体因素、动力源泉及生成路径等方面进行了分析。在此基础上，本章运用因子分析及结构方程模型对研究假设进行了检验与论证，实证分析了农产品区域品牌的建设。

4.1 研究假设

4.1.1 地理要素禀赋对区域品牌知名度、区域品牌文化、区域品牌协作及产业集群的影响

地理要素禀赋不仅包括地理区域内的土壤、气候、水源、光照、气候，还包括传统农业生产方式和农作物等特色农业资源与传统人文资源。而独特的地理区位条件是形成农产品区域品牌的主要动因之一。自然资源条件的差别造就了农产品在营养含量、口感及外观上的差异，从而使消费者形成对区域农产品的独特印象；而消费者对农产品生产区域的认同感也会影响区域品牌的知名度，从而直接影响市场的销售量。同时，合理运用区域中传统的人文资源，赋予区域农产品品牌深刻的文化内涵，结合传统生产方式、区域习俗与传统文化，使得区域农产品品牌具有独特的魅力，由此建立起区域品牌的地理优势；而地理优势不仅有利于增加农产品的附加值，带动销售量的增长，而且有利于在农业产业集群中各农产品品牌联合打造强势区域品牌，

提升区域品牌知名度。按照以上分析,可以形成以下四个假设。

H$_1$:地理要素禀赋对区域品牌知名度的形成具有重要影响。

H$_2$:地理要素禀赋对区域品牌文化的发展具有重要影响。

H$_3$:地理要素禀赋对区域品牌协作的进程具有重要影响。

H$_4$:地理要素禀赋对农业产业集群的建设具有重要影响。

4.1.2 政府支持对区域品牌知名度、区域文化建设、区域品牌协作和产业集群的影响

政府的支持对农产品区域品牌的建设具有至关重要的作用。一方面,政府通过建立完善农村基础设施,为区域农产品品牌建设提供政策支持、资金支持、技术支持等,从而促进资源配置的优化升级,对区域农产品品牌的建设发展及区域品牌知名度的提升起到了重要推动作用。另一方面,政府通过完善财政补贴、金融政策等各类服务政策,对发展较快的龙头企业给予支持,同时为产业集群区的建设提供政策性资源,使得龙头企业能够有效带动农村中小企业共同发展,加大农产品区域品牌协作力度,共同建造符合当地特色的农村区域品牌。

H$_5$:政府支持对区域品牌知名度的形成具有重要影响。

H$_6$:政府支持对区域品牌文化的发展具有重要影响。

H$_7$:政府支持对区域品牌协作的进程具有重要影响。

H$_8$:政府支持对产业集群的建成具有重要影响。

4.1.3 区域文化建设对区域品牌知名度、区域品牌协作及产业集群的影响。

区域文化是在特定的区域内经过千百年的传承,结合区域历史及人类智慧的结晶形成的价值观体系。将区域文化与区域农产品品牌相结合,能

够形成"区域特色"。依托文化进行产品销售，更好地将农产品品牌与文化相结合，既有利于区域文化紧跟时代的步伐，也有利于农产品增加附加值，促进知名度的提升。而企业间如果能够加强协作，组建企业联盟，这样就可以利益共享、风险共担；区域内的龙头企业应带动中小企业的发展，如龙头企业建立完善的产业链条，将其每部分生产细化，委托给生产同类产品的中小企业，从而形成区域内企业间合作共赢的商业文化氛围。赋予区域农产品品牌独特的文化特征，营造特色的区域文化氛围，使得集群内产业更好地发挥"区域特色"，同时提高企业间的凝聚力，促进区域品牌协作，形成带有"区域特色"的独特竞争优势。

H_9：区域文化建设对区域品牌知名度的形成具有重要影响。

H_{10}：区域文化建设对区域品牌协作的进程具有重要影响。

H_{11}：区域文化建设对产业集群的建成具有重要影响。

4.1.4 区域品牌协作对区域品牌知名度和区域文化建设的影响

区域品牌协作主要是以当地产业化发展为基础，依托政府领导的强烈扶持及龙头企业的快速发展，形成当地龙头企业与农村中小企业的"投入产出"和"互补合作"的关系。区域品牌协作可以利用现代科技创新、先进的管理与合作模式，从而构建具有独特性和专属性的区域农产品品牌。各企业通过技术交流、学习交流及企业间的融资合作，使得企业间建立战略合作关系，不断扩大延伸产业链条，推动农产品区域竞争力与知名度的提高，以及区域文化的更新升级。

H_{12}：农产品区域品牌协作对区域品牌知名度的形成具有重要影响。

H_{13}：农产品区域品牌协作对区域文化建设的发展具有重要影响。

4.1.5　产业集群对区域品牌文化、区域品牌协作和区域品牌知名度的影响

产业集群在发展壮大的过程中产生区域品牌，二者关联紧密。农业产业集聚是农产品区域品牌的依托，而区域品牌文化对农产品区域品牌的形成也有很大的影响。因此，发达的产业集聚有利于农产品区域品牌的提升，也有利于区域品牌文化的发展。农业产业集群有利于龙头企业和中小企业的聚集，形成较大规模的企业，或通过合作与竞争来达到相互协作、相互弥补及共同发展的目标。同时，农产品区域品牌运营既可以大大提高品牌形象，又可以使区域品牌知名度与美誉度大大提升。

H_{14}：产业集群对区域品牌文化建设具有重要影响。

H_{15}：产业集群对区域品牌协作的进程具有重要影响。

H_{16}：产业集群对区域品牌知名度的形成具有重要影响。

4.2　研究方法

4.2.1　结构方程模型

结构方程模型（Structural Equation Model，SEM）又称为协方差结构模型和因果模型，其在20世纪80年代就已经成熟，并在社会科学及经济、市场、管理等研究领域得到了广泛运用。有时，在进行统计分析时，需处理多个原因、多个结果的关系，或者会碰到不可直接观测的变量（即潜变量），这些都是传统的统计方法不能很好解决的问题。20世纪80年代以来，结构方程模型迅速发展，弥补了传统统计方法的不足，成为多元数据分析的重要工具。

SEM可以替代多重回归、通径分析、因子分析、协方差分析等方法清晰分析单项指标对总体的作用和单项指标间的相互关系，其是一种处理多个原因、多个结果之间关系的重要工具，主要由测量模型和结构模型组成。结构方程模型可用以下三个矩阵方程表示。

$$X = \Lambda_X \xi + \delta \qquad (4-1)$$

$$Y = \Lambda_Y \eta + \varepsilon \qquad (4-2)$$

$$\eta = \Gamma \xi + \beta \eta + \zeta \qquad (4-3)$$

其中，X为外生观测变量，在本书中以地理要素禀赋、政府支持、产业集群的变量为代表；Λ_X是指标变量X的因素负荷量，即连接地理要素禀赋、政府支持、产业集群等与之相对应的变量之间的系数矩阵；ξ表示外生潜变量，表示与地理资源禀赋、政府支持和产业集群相对应的指标；δ表示误差值；Y为内生观测变量，在本书中以区域品牌文化、区域品牌协作、区域品牌知名度的三个观察变量为代表；Λ_Y是指标变量Y的因素负荷量，即连接区域品牌文化、区域品牌协作、区域品牌知名度等与之相对应的系数矩阵；η为内生潜变量，表示与区域品牌文化、区域品牌协作、区域品牌知名度相对应的指标；ε表示其误差值；β和Γ代表路径系数，Γ表示外生潜变量对内生潜变量的影响；β表示内生潜变量之间的相互关系及其影响；ζ表示结构方程的误差项（吴明隆，2009）。

本书认为对农产品区域品牌产生影响的这些因素中，最重要的是确定核心推动因素和基础推动因素，从而明确其形成机理和各个因素间在相互作用下的运作原理。为此，在进行专家访谈和实地调研后，通过对整理相关资料的过程进行分析，并且以研究假设为基础，运用结构分析模型构造出地理要素禀赋、政府支持、区域品牌文化、区域品牌协作、区域品牌知名度五个潜变量之间的路径关系，构建了三个竞争型结构模型，即区域品牌文化和区域品牌协作双推动、区域品牌协作推动、区域品牌文化推动。农产品区域品牌竞争型结构模型如图4-1所示。

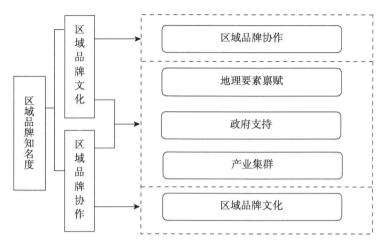

图4-1　农产品区域品牌竞争型结构模型

4.2.2　变量选择与测量

本书采用李克特量表,对调研结果进行分析整理,将外生潜变量和内生潜变量相对应的观察变量具体化,并且转化为通俗易懂的测量语项,用1~5来表示满意度。农产品区域品牌测量指标构成见表4-1。

表4-1　农产品区域品牌测量指标构成

潜变量	观察变量	观察变量的测量题项
地理要素禀赋	区位条件(X_1)	区位地理条件、土壤、水源、光照所带来农产品的营养、口感的不同
	农产品品种(X_2)	努力提高农产品品种的附加值
	产业结构(X_3)	由单一的农业经营方式转变为多元化的产品经营模式
	生态农业发展(X_4)	运用现代科学技术成果和现代管理手段,获得较高的经济效益、生态效益、环境效益
	产权维护(X_5)	提高产权意识,进行有效的产权保护,保护区域品牌

潜变量	观察变量	观察变量的测量题项
政府支持	政策扶持(X_6)	对农产品区域品牌强力扶持,创造良好的制度环境
	产学研引导(X_7)	发展中创新,吸收更多的良好提议,形成一个"在发展中学习,在学习中发展"的文化氛围
	品牌经营与销售(X_8)	加大力度建设农产品区域品牌文化,通过相关活动推动产品营销
产业集群	产业经营管理模式(X_9)	龙头企业带动中小企业的发展,提供高水平的技术支撑
	产业规模化(X_{10})	农产品集群区农户较多,产品种类多,规模大
	产业发展前景(X_{11})	产业集群使产业规模扩大,技术、资金流动,增强企业品牌竞争力
	产业品牌建设(X_{12})	产业集群有利于更好地发挥区域品牌独特性,增强区域竞争力
区域品牌知名度	品牌美誉度(Y_1)	区域农产品品牌受欢迎程度较高,在消费者心里品牌形象较好
	品牌地位(Y_2)	在各类区域农产品品牌中口碑好,排名靠前
	品牌未来性(Y_3)	该区域农产品品牌未来发展性较好,有发展前途
区域品牌文化	文化特色(Y_4)	当地独特的生产工艺、区域历史、生活习俗和文化习惯
	区域品牌定位(Y_5)	选定目标市场,塑造企业文化形象,获取消费者认同
	区域软实力(Y_6)	通过传统文化活动以及品牌的评选,提高文化实力
区域品牌协作	市场开发及物流协作(Y_7)	龙头企业与中小企业共同开发市场,降低生产成本
	区域互助合作(Y_8)	龙头企业带动中小企业发展,形成互助合作的模式
	先进技术协作(Y_9)	在生产制作中进行先进的科技交流

4.2.3 数据来源

本次问卷调查对象主要来自山西省太原市、运城市、晋中市农产品加工企业的工人、管理人员、政府相关人员、合作社成员。鉴于三个生产地区发展水平及状况的不同,在三个地区分别选择160人、140人、80人填写问卷。共发放问卷380份,有效问卷350份。问卷对象组成及样本分布情况见表4-2。

表4-2　问卷对象组成及样本分布情况

调查对象	太原市		晋中市		运城市	
	样本数（个）	比例(%)	样本数（个）	比例(%)	样本数（个）	比例(%)
企业中高层管理者	40	26	35	27	30	28
企业基层员工	30	19	25	20	20	19
农业合作社成员	30	19	25	19	20	19
政府工作人员	25	16	20	15	15	14
社会组织员工	15	10	15	11	10	10
研究专家与学者	15	10	10	8	10	10
总计	155	100	130	100	105	100

4.2.4　量表的信度和效度检验

1.信度分析

信度分析（Reliability Analyse）即可靠性分析，它是指采用同样的方法对同一对象重复测量时所得结果的一致性程度。信度指标多以相关系数表示，大致可分为三类：稳定系数（跨时间的一致性）、等值系数（跨形式的一致性）和内在一致性系数（跨项目的一致性）。信度分析的方法主要有以下四种：重测信度法、复本信度法、折半信度法、α信度系数法。本书将搜集的数据输入SPSS 19.0软件，做总量表的信度检验，若Cronbach's Alpha的测量值大于0.7，说明测量量表的信度是可以接受的；若Cronbach's Alpha的测量值大于0.5，小于0.7，则可以通过该系数判定测量问项是存在一定问题的；若该值还不到0.5，就可以得出结论量表是不能接受的，存在很大的问题，需要进行重新设计。

本书利用校正的项总计相关性的分析，计算各个条款之间的相关系数，当校正的项总计相关性指数计算值小于0.5时，就需要删除该项条款进行净化，以免多维度的出现。同时，如果已删除的Cronbach's　Alpha值比Cronbach's

Alphas系数要大，则说明该项目也需要删除。

总量表中的可靠性统计量Cronbach's Alpha系数为0.726，基于标准化项的Cronbach's Alpha系数为0.720，均大于0.7。同时，每一项的项已删除的Cronbach's Alpha均大于0.7，通过信度检验。总体来看，问卷指标具有较强的可信度，见表4-3、表4-4。

表4-3　可靠性统计量

Cronbach's Alpha	基于标准化项的 Cronbach's Alpha	项数
0.726	0.720	23

表4-4　项总计统计量

	校正的项总计相关性	项已删除的 Cronbach's Alpha 值
调查对象性别	0.689	0.705
	0.719	0.720
X_1	0.718	0.719
X_2	0.708	0.718
X_3	0.708	0.718
X_4	0.708	0.718
X_5	0.702	0.715
X_6	0.712	0.725
X_7	0.699	0.711
X_8	0.690	0.707
X_9	0.716	0.723
X_{10}	0.699	0.711
X_{11}	0.705	0.716
X_{12}	0.710	0.719

续表

	校正的项总计相关性	项已删除的 Cronbach's Alpha 值
Y_1	0.705	0.716
Y_2	0.701	0.713
Y_3	0.719	0.720
Y_4	0.695	0.709
Y_5	0.716	0.723
Y_6	0.709	0.719
Y_7	0.705	0.716
Y_8	0.693	0.708
Y_9	0.715	0.720

2.效度分析

效度分析（Validity Analyse）即有效性分析，是指尺度量表达到测量指标准确程度的分析。效度分析的方法很多，传播研究中经常使用的是项目分析法、独立效标测度效度分析法和因素分析法。项目分析主要是测度量表中的各种项目的难度和辨别度，以选择难易适中的鉴别度较高的量表为有效量表。独立效标测度分析法主要以某种独立效度作为效度分析的准则和依据，每一个量表之项目均与此独立效标做相关分析。没有达到显著程度的为无效之项目，而达到显著程度的为有效之量表。

本书进行效度分析，采用以下步骤。

（1）进行总量表的 KMO 系数及球形 Bartlett 检验。不同的 KMO 值可判断对应的题项做因子分析的适合程度，具体而言，当 KMO<0.6 时，非常不适合做因子分析；当 0.6<KMO<0.7 时，不太适合做因子分析；当 0.7<KMO<0.9 时，适合做因子分析；当 KMO>0.9 时，非常适合做因子分析。题项间相关系数的显著性检验可采用 Bartlett 球形检验值进行，并规定当 sig.<0.05 时，比较具有显著性，可进行因子分析（见表4-5）。

表4-5　KMO 和 Bartlett 的检验

取样足够度的 Kaiser – Meyer – Olkin 度量		0.872
Bartlett 的球形度检验	近似卡方	2254.662
	df	120
	sig.	0.000

（2）因子分析也叫主成分分析，是通过正交变换将一组可能存在相关性的变量转换为一组线性不相关的变量，转换后的这组变量叫主成分。本书主成分分析法结果表明，该因子总方差解释率为74.58%，大于60%，说明提取的7个因子包含的信息较充分（见表4-6）。按照因子分析评价标准，因子载荷大于0.5可以被接受。

表4-6　解释的总方差

成分	初始特征值			提取平方和载入			旋转平方和载入		
	合计	方差的(%)	累积(%)	合计	方差的(%)	累积(%)	合计	方差的(%)	累积(%)
1	3.310	15.763	15.763	3.310	15.763	15.763	2.424	1542	1542
2	2.648	12.609	28.372	2.648	12.609	28.372	2.369	1283	22.824
3	2.257	10.748	39.120	2.257	10.748	39.120	2.302	10.964	33.788
4	2.134	10.163	49.283	2.134	10.163	49.283	2.164	10.305	44.093
5	809	8.614	57.897	809	8.614	57.897	2.126	10.122	54.216
6	566	7.456	65.354	566	7.456	65.354	926	9.171	63.387
7	282	6.104	7458	282	6.104	7458	695	8.071	7458
8	0.854	4.066	75.524						
9	0.735	3.500	79.024						
10	0.675	3.215	82.239						
11	0.568	2.705	84.944						

成分	初始特征值			提取平方和载入			旋转平方和载入		
	合计	方差的(%)	累积(%)	合计	方差的(%)	累积(%)	合计	方差的(%)	累积(%)
12	0.529	2.517	87.461						
13	0.427	2.035	89.496						
14	0.421	2.005	9501						
15	0.383	824	93.324						
16	0.347	652	94.977						
17	0.279	330	96.307						
18	0.233	109	97.415						
19	0.210	.998	98.413						
20	0.185	.882	99.296						
21	0.148	.704	100.000						

提取方法:主成分分析。

按照分析结果,通过旋转后的因子矩阵表可知,每个项目的负荷均高于0.5,且不存在双重因子负荷均高的情况,每个维度下的项目均按照理论分布聚合到一起。根据上文分析说明问卷量表有很好的构建效度(见表4-7)。

表4-7 旋转后的因子矩阵表

	1	2	3	4	5	6
X_1	0.921					
X_2	0.653					
X_3	0.621					
X_4	0.792					
X_5		0.69				

	1	2	3	4	5	6
X_6		0.62				
X_7		0.695				
X_8		0.859				
X_9			0.631			
X_{10}			0.839			
X_{11}			0.647			
X_{12}			0.818			
Y_1				0.718		
Y_2				0.623		
Y_3				0.611		
Y_4					0.804	
Y_5					0.714	
Y_6					0.734	
Y_7						0.801
Y_8						0.856
Y_9						0.878

注:提取方法:主成分。

旋转法:具有 Kaiser 标准化的正交旋转法。

a. 旋转在 6 次迭代后收敛。

4.3 实证结果分析

4.3.1 模型比较与检验

根据理论模型和假设 AMOS 建立结构方程模型,如图4-2所示,本书建立了区域品牌文化和区域品牌协作双推动、区域品牌协作推动、区域品牌文化推动三个竞争模型，然后使用最大似然估计法进行运算，得出模型一区域品牌协作推动中出现了负的路径系数，模型三中的潜变量之间关联度较低，两个模型与理论假设都具有较大的出入，不具有适用性。因此，将较为理想的模型二作为优选模型。

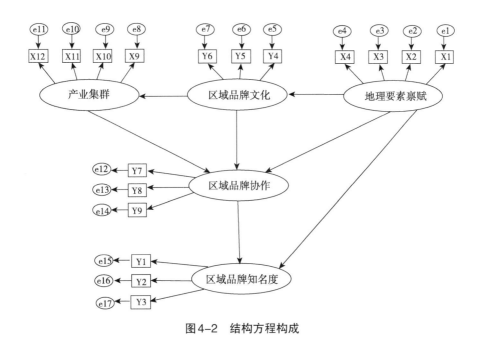

图4-2　结构方程构成

在判断结构方程模型是否成立时，主要通过对一些拟合指标的测算来衡量，其中X^2/df一般要求小于3，GFI是适配度指数，AGFI为调整的适配度指数，NFI为规准适配指数，IFI为增值适配指数，CFI为比较适配指数。一般要求这些值均大于0.9，表示模型适配能力较好，但是大于0.8表示模型可以接受。RMSEA应小于0.08，表示适配能力较好，模型拟合程度较好。由表4-8可知X^2/df为123，小于3，GFI、AGFI、NFI、CFI均大于0.9，RMSEA＝0.034，小于0.08。

表4-8　模型的检验结果

适配度评价指标	X²/df	GFI	AGFI	NFI	IFI	CFI	RMSEA
模型二	123	0.936	0.945	0.917	0.982	0.987	0.034

4.3.2　假设验证说明及路径分析

在提出的16条假设中，H_{10}和H_{13}只存在于模型一和模型三中，由于选择了模型二为优选模型，因此不对该假设进行验证，其余14条假设均在模型二中进行检验。模型二中的H_5政府支持——区域品牌知名度、H_{12}区域品牌协作——区域品牌知名度和H_{16}产业集群——区域品牌知名度三个假设路径CR值都小于96，故该潜变量中不具有重要影响。

地理要素禀赋——区域品牌知名度的标准化路径系数为0.406，显著性小于0.05，说明地理要素禀赋——区域品牌知名度具有重要影响，故H_1成立；地理要素禀赋——区域品牌文化的标准化路径系数为0.328，显著性小于0.05，说明地理要素禀赋——区域品牌文化具有重要影响，故H_2成立；地理要素禀赋——区域品牌协作的标准化路径系数为0.358，显著性小于0.05，说明地理要素禀赋——区域品牌协作具有重要影响，故H_3成立；地理要素禀赋——产业集群的标准化路径系数为0.342，显著性小于0.05，说明地理要素禀赋——产业集群具有重要影响，故H_4成立；区域品牌文化——区域品牌知名度的标准化路径系数为0.402，显著性小于0.05，说明区域品牌文化——区域品牌知名度具有重要影响，故H_{10}成立；区域品牌文化——产业集群的标准化路径系数为0.347，显著性小于0.05，说明区域品牌文化——产业集群具有重要影响，故H_{11}成立；产业集群——区域品牌文化的标准化路径系数为0.318，显著性小于0.05，说明产业集群——区域品牌文化具有重要影响，故H_{14}成立；产业集群——区域品牌协作的标准化路径系数为0.357，显著性小于0.05，说明产业集群——区域品牌协作具有重要影响，故H_{15}成立（见表4-9）。

表4-9　模型二：拟合结果

交互项	标准化路径系数	CR值	假设
地理要素禀赋—区域品牌知名度	0.406	3.573 ***	H₁
地理要素禀赋—区域品牌文化	0.328	3.768 ***	H₂
地理要素禀赋—区域品牌协作	0.358	3.956 ***	H₃
地理要素禀赋—产业集群	0.342	3.367 ***	H₄
区域品牌文化—区域品牌知名度	0.402	4.457 ***	H₁₀
区域品牌文化—产业集群	0.347	4.121 ***	H₁₁
区域品牌协作—区域品牌知名度	0.092	0.97	H₁₃
产业集群—区域品牌文化	0.318	4.687 ***	H14
产业集群—区域品牌协作	0.357	4.632 ***	H15
产业集群—区域品牌知名度	0.083	0.85	H16

注：*表示在0.01水平上显著相关。

由以上分析可知，H_{13}未通过检验，说明区域品牌协作对农产品区域品牌知名度的提高不具有直接显著的影响效果。区域品牌知名度的提高和改善归根结底要靠产品本身及其内在价值，而目前区域品牌在物流、科技及市场方面的协作不够紧密，龙头企业的带动作用尚不明显，区域品牌形成所需的企业支撑动力即区域品牌的独特品牌价值创造能力尚待提升。同理，H_{16}未通过检验，表明产业集群对区域品牌文化的发展不具有直接显著的影响效果。产业集群其自身所带来的不利因素，如农产品区域品牌鱼龙混杂，消费者不易辨认，对当地区域品牌文化的推广宣传会产生一定的阻碍作用。

表4-10　模型二：政府调节效应的验证

交互项	模型二
政府扶持—区域品牌知名度	0.18(0.935)
政府扶持—区域品牌文化	0.008(3.528)
政府扶持—区域品牌协作	0.006(3.442)

交互项	模型二
政府扶持—产业集群	0.043(3.516)
R2	0.206
Adjusted R2	0.235
F值	18.768

注：括号内的值为系数的 t 值。

由表4-10可知，区域品牌文化、区域品牌协作、产业集群与政府扶持的交互项的回归系数显著，且回归系数大于0，这表明政府扶持会带动区域品牌文化的发展及农产品区域品牌的协作，从而增强农业产业集群的影响，故H_7、H_8、H_9成立；区域品牌知名度与政府扶持的交互项的回归系数不显著，这表明政府的扶持不会强化对农产品区域品牌知名度的影响，说明H_6不成立。一般来说，经济建设职能、宏观调控政策及市场经济规律都决定着是否能充分发挥政府扶持作用。然而，需要注意的是，市场机制的调控作用对于农产品区域品牌知名度的推广宣传及发展壮大也具有很大的影响。H_6不成立说明在运用提高区域品牌知名度的方法措施时，当地政府并未重视市场机制对建设区域品牌及提高知名度的作用，导致农产品品牌建设缺乏强有力的政府扶持，政府扶持对构建有影响力的区域品牌没有发挥其重要的影响作用。

由表4-11分析可知：第一，地理要素禀赋、政府支持、区域品牌文化、区域品牌协作及产业集群对区域品牌知名度的总效应分别为0.565、0.288、0.386、0.271、0.281，这说明直接影响区域品牌美誉度形成的因素重要性排序是地理要素禀赋、区域品牌文化、政府支持、产业集聚、区域品牌协作。第二，地理资源禀赋对区域品牌知名度的影响包括直接效应和间接效应。地理要素禀赋到区域品牌知名度的间接效应为0.154，根据Baron RM 和Kenny DA（1986）的研究，说明区域品牌文化可能起到了中介作用。政府支持对区域品牌知名度的间接效应为 0.219，由于政府支持对区域品牌知名度的路径 H_5 未通过，不符合中介效应成立的前提条件，说明区域品牌文化在此不起中介作用。

表4-11　模型二：中介效应分析

交互项	直接效应	间接效应	总效应
地理要素禀赋—区域品牌知名度	0.423	0.142	0.565
地理要素禀赋—区域品牌文化	0.314	—	0.314
地理要素禀赋—区域品牌协作	0.358	—	0.358
地理要素禀赋—产业集群	0.342	—	0.342
政府扶持—区域品牌知名度	0.069	0.219	0.288
政府扶持—区域品牌文化	0.469	—	0.469
政府扶持—区域品牌协作	0.414	—	0.414
政府扶持—产业集群	0.472	—	0.472
区域品牌文化—区域品牌知名度	0.386	—	0.386
区域品牌文化—产业集群	0.353	—	0.353
产业集群—区域品牌文化	0.412	—	0.412
产业集群—区域品牌协作	0.416	—	0.416
区域品牌协作—区域品牌知名度	0.063	—	0.063
产业集群—区域品牌知名度	0.066	—	0.066

4.3.3　潜变量与观测变量的关系分析

本书采用AMOS20.0软件分析，得出其输出各潜变量与观测变量之间的效应（见表4-12）。其中，地理要素禀赋的4个因子系数分别是0.543、0.523、0.633、0.682，说明这4个因子与资源禀赋关系紧密；其中农业的"三生"功能中生态农业的发展在地理要素禀赋中的影响较大，说明随着科技的不断提高及对生态效益的重视度逐步加强，农业的经营方式逐步多元化；区域品牌文化与4个因子的关系分别是0.769、0.731、0.821，说明这

3个因子与区域文化关系紧密，其中围绕当地传统文化开发的一系列为推广品牌的传统特色文化活动对区域文化的影响最大；区域品牌协作与3个因子的关系分别是0.695、0.690、0.698，说明这3个因子与区域品牌协作关系紧密，品牌企业的物流协作、区域互助协作、技术协作对区域品牌协作的影响相差不大，在一定程度上说明区域品牌协作还没有建立突出的优势，在区域内没有有效发挥龙头企业的带动作用，以及技术互助的强大推动力；政府支持与4个因子的关系分别是0.712、0.749、0.764、0.812，说明这4个因子与政府支持的关系紧密，其中品牌经营与销售的影响最大；区域品牌知名度与3个因子的关系分别是0.742、0.733、0.823，说明这3个因子与区域品牌知名度关系紧密，其中品牌未来性对其影响最大；产业集群与4个因子的关系分别是0.672、0.665、0.636、0.628，说明这4个因子与产业集群的关系紧密，其中产业经营管理模式的影响最大，这主要是因为龙头企业的带动为农村中小企业提供技术、管理、资金等各方面的帮助。

表4-12　潜变量与观测变量的关系

因素载荷	Estimate（估量）	因素载荷	Estimate（估量）
地理要素禀赋 X_1	0.543	产业集群 X_{12}	0.628
地理要素禀赋 X_2	0.523	区域品牌知名度 Y_1	0.742
地理要素禀赋 X_3	0.633	区域品牌知名度 Y_2	0.733
地理要素禀赋 X_4	0.682	区域品牌知名度 Y_3	0.823
政府支持 X_5	0.712	区域品牌文化 Y_4	0.769
政府支持 X_6	0.749	区域品牌文化 Y_5	0.731
政府支持 X_7	0.764	区域品牌文化 Y_6	0.821
政府支持 X_8	0.812	区域品牌协作 Y_7	0.695
产业集群 X_9	0.672	区域品牌协作 Y_8	0.690
产业集群 X_{10}	0.665	区域品牌协作 Y_9	0.698
产业集群 X_{11}	0.636		

4.3.4 检验结果

基于以上分析，本书需要进一步对模型进行检验，通过结构方程模型检验和分析，对前面提出的假设进行验证。结果表明，本书提出的命题假设基本通过统计检验，结果如表4-13、图4-3所示。

表4-13 路径检验结果

假设路径	检验结果
地理要素禀赋—区域品牌知名度	通过
地理要素禀赋—区域品牌文化	通过
地理要素禀赋—区域品牌协作	通过
地理要素禀赋—产业集群	通过
政府扶持—区域品牌知名度	未通过
政府扶持—区域品牌文化	通过
政府扶持—区域品牌协作	通过
政府扶持—产业集群	通过
区域品牌文化—区域品牌知名度	通过
区域品牌文化—产业集群	通过
产业集群—区域品牌文化	通过
产业集群—区域品牌协作	通过
区域品牌协作—区域品牌知名度	未通过
产业集群—区域品牌知名度	未通过

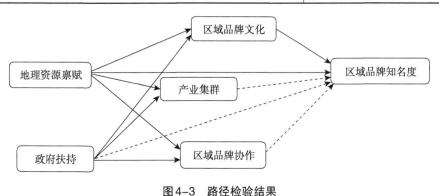

图4-3 路径检验结果

4.4 本章小结

本章通过建立研究假设,运用结构方程模型构造出六个潜变量的路径关系,采用李克特量表,将外生潜变量和内生潜变量相对应的观察变量具体化,并且对所发放的350份有效问卷结果进行分析,归纳出问卷数据的可靠性和有效性。

农产品区域品牌形成的实证研究结果表明,影响农产品区域品牌形成的主要因素是地理要素禀赋、政策扶持、区域品牌文化、区域品牌协作及产业集群。其中地理要素禀赋、政策支持、产业集群因素是直接影响因素,区域品牌文化及区域品牌协作是间接影响因素,在农产品区域品牌形成中起中介作用。通过地理要素禀赋、政策扶持、产业集群、区域品牌文化及区域品牌协作等核心品牌因素推动,构筑了农产品区域品牌的资源优势、价值链优势、品牌文化优势、政策优势。此外,通过研究进一步发现,影响农产品区域品牌形成因素的重要性排序是地理要素禀赋、区域品牌文化、政府支持、产业集聚、区域品牌协作,说明农产品区域品牌形成的核心动力是以资源优势为依托、通过区域文化的影响及政府提供的政策优势来塑造农产品区域品牌的。而区域品牌协作及产业集群的推动作用还未能发挥,说明目前农产品产业集群还是以追求"资源优势"为导向,竞争力不强。从长期来看,追求由"资源优势"向"创新发展优势"和"合作互助优势"转化应该是传统农业集群转型发展的必经之路。

第5章　农产品区域品牌形成中的博弈模型分析

农产品区域品牌形成和管理过程中，具有哈丁教授提出的"公地悲剧"特征，导致在现实建设农产品区域品牌过程中会产生"搭便车"行为。同时，由于农产品本身带有区域特色及生产主体分散等特点，在农产品区域品牌形成的过程中，就会出现利益主体与建设主体不完全一致的情况，其中最主要的是解决企业之间、企业与政府之间、行业协会与假冒品牌企业之间、企业与客户群之间、企业和个体农户之间的关系问题。为了解决这些问题，产能集群所在地的企业之间、企业与区域政府和行业协会之间如何化解冲突、进行合作？本章将运用博弈理论对农产品区域品牌形成过程中相关利益主体行为进行详细分析。

5.1　博弈理论

1.博弈论的发展史

博弈论是二人在平等的对局中各自利用对方的策略变换自己的对抗策略，达到取胜的目的。博弈论思想古已有之，中国古代的《孙子兵法》不仅是一部军事著作，而且是最早的一部博弈论著作。博弈论最初主要研究象棋、桥牌、赌博中的胜负问题，人们对博弈局势的把握只停留在经验上，没有向理论化发展。

近代对于博弈论的研究，开始于策梅洛（Zermelo）、波莱尔（Borel）及冯·诺依曼（Von Neumann）。1928年，冯·诺依曼证明了博弈论的基本原理，从而宣告了博弈论的正式诞生。1944年，冯·诺依曼和摩根斯坦的划时代巨著《博弈论与经济行为》将二人博弈推广到多人博弈结构并将博弈论系统地应用于经济领域，从而奠定了这一学科的基础和理论体系。

1950—1951年，约翰·福布斯·纳什（John Forbes Nash）利用不动点定理证明了均衡点的存在，为博弈论的一般化奠定了坚实的基础。纳什的开创性论文《多人博弈的均衡点》（1950）、《非合作博弈》（1951）等，给出了纳什均衡的概念和均衡存在定理。此外，莱因哈德·泽尔腾、约翰·海萨尼的研究也对博弈论发展起到推动作用。

博弈论从年代开始逐渐成为主流经济学的一部分。近年来，博弈论作为一种分析方法已经渗透到经济学研究的各个领域。经济学家张维迎甚至认为，博弈论已经成为微观经济学的基础。

2.博弈论的基本内容

博弈理论不仅研究决策主体的行为在发生直接相互作用时个体如何进行决策及这种决策的均衡问题，而且研究它们的优化策略。博弈论关心当人们知道其行动相互影响而且每个人都考虑这种影响时，理性个体如何进行决策的问题。

博弈是博弈系统内博弈主体之间关系的动态过程和存在状态，博弈论是一种基于前提假设的唯心主义矛盾分析方法。

博弈包括四个基本要素。第一，参与人或者局中人。第二，他们可选择的行动或策略。第三，所有可能的对局结果，用局中人在相应对局下的博弈所得来表示，这个博弈所得叫作赢利、赢得、得益或支付等。第四，博弈涉及均衡，均衡是平衡的意思，在经济学中，均衡意即相关量处于稳定值。在供求关系中，某一商品市场如果在某一价格下，想以此价格买此商品的人均能买到，而想卖的人均能卖出，此时我们就说，该商品的供求达到了均衡。所谓"纳什均衡"，它是一稳定的博弈结果。

博弈论研究的假设有以下几种。第一，决策主体是理性的，最大化自己的利益；第二，完全理性是共同知识；第三，每个参与人被假定为对所处环境及其他参与者的行为形成正确信念与预期。

博弈的类型根据不同的基准也有不同的划分。一般认为，博弈可以分为合作博弈和非合作博弈。合作博弈和非合作博弈的区别在于相互发生作用的当事人之间有没有一个具有约束力的协议，如果有，就是合作博弈；如果没有，就是非合作博弈。按照不同的标准，博弈的类型各异，主要有以下几种。

（1）从行为的时间序列性分为静态博弈、动态博弈。其中，静态博弈是指在博弈中，参与人同时选择或虽非同时选择但后行动者并不知道先行动者采取了什么具体行动；动态博弈是指在博弈中，参与人的行动有先后顺序，且后行动者能够观察到先行动者所选择的行动。通俗的理解是："囚徒困境"就是同时决策的，属于静态博弈；而"智猪博弈"等决策或行动有先后次序，属于动态博弈。

（2）按照参与人对其他参与人的了解程度分为完全信息博弈和不完全信息博弈。完全信息博弈是指在博弈过程中，每一位参与人对其他参与人的特征、策略空间及得益函数有准确的信息；不完全信息博弈是指参与人对其他参与人的特征、策略空间及得益函数信息了解得不够准确，或者不是对所有参与人的特征、策略空间及得益函数都有准确的信息，在这种情况下进行的博弈就是不完全信息博弈。

（3）按所有参与者的得益情况分为零和博弈、非零和博弈、常和博弈、非常和博弈。若博弈无论在任何情况下所有参与者的得益之和都是零，则为零和博弈；若不都是零，则为非零和博弈；若都是一个常数，则为常和博弈；若不都是一个常数，则为非常和博弈。

5.1.1 "囚徒困境"经典模型

在市场经济中，竞争是企业生存和成长的永恒主题。然而，从经济学角度来看，竞争并不是企业发展的最有效的方法，博弈论就此提出了一个典型的竞争博弈模型，即由杜克（Tucker，1950）提出的"囚徒困境"模型。该博弈模型既揭示了个体理性与团体理性之间的矛盾——从个体利益出发的行为往往不能实现团体的最大利益，同时也揭示了个体理性本身的内在矛盾——从个体利益出发的行为最终也不一定能真正实现个体的最大利益，甚至会得到相反的结果。

1. "囚徒困境"博弈的分析

在博弈论中，"囚徒困境"博弈模型用一种特别的方式为我们讲述了一个警察与小偷的故事。假设有两个小偷 A 和 B 联合作案、私入民宅被警察抓住，但缺乏足够的证据指证他们所犯的罪行。如果其中有一人认罪，就能确认罪名成立。为了得到足够的证据，警方将两人分别置于不同的两个房间内进行审讯，以防他们串供或结成攻守联盟。警方对他们给出的政策是：如果两人都抵赖，则警方因证据不足不能判两人偷窃罪，但可以私入民宅的罪名将两人各判入狱 1 年；如果两个犯罪嫌疑人都坦白了罪行，交出了赃物，于是证据确凿，两人都被判有罪，各被判刑 8 年；如果只有一个犯罪嫌疑人坦白，另一个人没有坦白而是抵赖，则以妨碍公务罪（因已有证据表明其有罪）加刑 2 年，而坦白者有功被减刑 8 年，立即释放。

通过以上描述，可以得出以下假设：

（1）两个犯罪嫌疑人（A 和 B）在审讯前没有达成任何协议。

（2）两个犯罪嫌疑人都是理性的，即风险规避型。

（3）两个犯罪嫌疑人对对方的信息完全不知道。

（4）两个犯罪嫌疑人的决策是同步进行的。

如果分别用-1、-8和-10表示罪犯被判刑1年、8年和10年的得益，用0表示被立即释放的得益，则可以得到两小偷的博弈支付矩阵（见表5-1）。

表5-1 两小偷的博弈支付矩阵

B A	坦白	抵赖
坦白	-8,-8	0,-10
抵赖	-10,0	-1,-1

对A来说，尽管他不知道B作何选择，但他知道无论B选择什么，他选择"坦白"总是最优的。显然，根据对称性原理，B也会选择"坦白"，结果是两人都被判刑8年。但是，倘若他们都选择"抵赖"，每人只被判刑1年。在表5-1中的四种行动选择组合中，（抵赖、抵赖）是帕累托最优，因为偏离这个行动选择组合的任何其他行动选择组合都至少会使一个人的境况变差。由个体理性出发选择利益最大化行为不能达成整体理性，结果出现整体无效率。但是，"坦白"是任一犯罪嫌疑人的占优战略，而（坦白，坦白）是一个占优战略均衡，即纳什均衡。也就是说，整个纳什均衡并非他们的帕累托最优策略。因此，如果两人能够合作可以增大他们的支付。

2."囚徒困境"的难题

"囚徒困境"博弈模型的意义在于，类似的情况在社会经济活动中具有很大的普遍性，在市场竞争的各个领域和方面，在资源利用和环境保护，以及政治、军事和法律等各种领域的问题中，都存在类似"囚徒困境"的现象。通过"囚徒困境"博弈分析可以使人们增强对冲突和合作的理解。本章探讨的农产品区域品牌建设就存在类似"囚徒困境"的难题。

在农产品区域品牌建设中，最主要的问题是解决企业之间、企业与政府之间、企业与客户群之间的竞争与合作关系问题。由于区域品牌具有公共属性，对于集群内的企业来说存在外部性，如果区域品牌树立起来，每个域内企业都会沾光；但是如果一家企业有不轨行为，整个集群也会受到牵连。虽然在实际上,相对于单独创建企业品牌而言,区域品牌的创建由众多企业分摊成本,可以用较少的投入产生更好的品牌效应。但是,由于外部性的存在,集群内企业可能不愿意投这个资,这就出现了区域品牌建设中的"囚徒困境"现象。所以克服"囚徒困境"是创建农产品区域品牌的最大难题。

5.1.2 "智猪博弈"修正模型

在博弈论中,"智猪博弈"是一个著名的纳什均衡的例子。该模型假设猪圈里有一头大猪、一头小猪,猪圈的一头有猪食槽(两猪均在食槽端),另一头安装着控制猪食供应的按钮,按一下按钮会有10个单位的猪食进槽,但是谁按按钮就会首先付出2个单位猪食的成本;若同时按动按钮,大猪吃到7个单位的食物,小猪吃到3个单位的食物,得益比是7:3;如果一只猪在食槽旁等待另一只猪按动按钮,大猪可以多吃2个单位的食物,小猪只能多吃1个单位的食物。

(1)在不考虑成本时,若大猪先到槽边,大小猪吃到食物的得益比是9:1;若同时到槽边,得益比是7:3;若小猪先到槽边,得益比是6:4。用博弈论中的支付矩阵可以更清晰地刻画出"智猪"的选择。其支付矩阵见表5-2。

表5-2 不考虑成本的智猪博弈支付矩阵

大猪＼小猪	行动	等待
行动	7,3	6,4
等待	9,1	0,0

(2)若考虑成本,在大猪选择行动的前提下,小猪也行动的话,小猪可得到1个单位的纯得益(吃到3个单位食品的同时也耗费2个单位的成

本），大猪得到 5 个单位的纯得益（吃到 7 个单位食品的同时也耗费 2 个单位的成本）；小猪等待的话，则两者均可获得 4 个单位的纯得益。在大猪选择等待的前提下，小猪如果行动，小猪的收入将不抵成本，纯得益为-1 个单位，大猪可获得 9 个单位的纯得益；如果小猪等待，两者的得益为零，成本也为零，纯得益为 0。其支付矩阵见表 5-3。

表 5-3　考虑成本的智猪博弈支付矩阵

大猪 ＼ 小猪	行动	等待
行动	5,1	4,4
等待	9,-1	0,0

从矩阵中可以看出，当大猪选择行动的时候，小猪如果行动，其纯得益是 1，而小猪等待的话，其纯得益是 4，所以小猪选择等待；当大猪选择等待的时候，小猪如果行动，其纯得益是-1，而小猪等待的话，其纯得益是 0，所以小猪也选择等待。综合来看，无论大猪是选择行动还是等待，小猪的选择都将是等待，即等待是小猪的占优策略；在小猪选择等待的前提下，大猪只好选择行动。

经典"智猪博弈"的均衡是大猪按动按钮，小猪选择等待。尽管按动按钮是大猪的优势策略，但由于博弈的结果大猪和小猪获得一样的纯得益，客观上存在小猪由于不断"搭便车"而缩小与大猪的相对实力差距，进而威胁大猪的"地位"，长此以往大猪会"养小猪为患"。由于大猪出于此类担心，其按动按钮的动力并不会十分稳定和强烈。因此，真正有实力的大猪由于长期为一点残羹奔忙于按钮和食槽之间而得不到激励，会自然离开猪圈另谋生路；而那些善于"搭便车"投机取巧的小猪，却不能给猪圈带来价值，最后猪圈会逐步解体而走向灭亡。如果存在外界激励，比如为了鼓励大猪或小猪按动按钮取得食物,饲养员对按动按钮的"智猪"提供2个单位的食物奖励,以补偿按动按钮的劳动耗费。存在外界激励的"智猪博弈"又分两种情况,即激励大猪和激励小猪。

情形一:激励大猪。饲养员提供2个单位的食物给大猪,以激励大猪按按钮。在这种情况下,"智猪博弈"会发生变化,见表5-4。

表5-4　激励大猪的支付矩阵

大猪＼小猪	行动	等待
行动	7,1	6,4
等待	11,−1	2,0

从上面激励大猪的支付矩阵来看,均衡仍然是大猪按动按钮,小猪等待。但由于存在饲养员的激励,大猪得益将超过小猪,因此大猪按动按钮的动力将会大大加强,激励措施取得良好效果。

情形二:激励小猪。饲养员提供2个单位的食物给小猪,以鼓励小猪按按钮。在这种情况下,"智猪博弈"会发生如下变化,见表5-5。

表5-5　激励小猪的支付矩阵

大猪＼小猪	行动	等待
行动	5,3	4,6
等待	9,1	0,2

在这个博弈中均衡仍然是大猪按动按钮,小猪等待。表明即使饲养员提供2个单位的食物给小猪,小猪的优势策略仍然是等待,而且由于在大

猪、小猪同时等待的情况下，小猪仍然可以获得2个单位的食物，这实际上强化了小猪等待的可能。因此，在饲养员提供食物给小猪的情况下，小猪不仅没有按动按钮的动力，反而存在"欺骗"饲养员获得食物提供的可能，而且这种情况下，按动按钮的大猪纯得益反而小于"坐享其成"的小猪，因而大猪按动按钮的动力将会大大受到抑制。因此，没有外界激励或外界激励小猪的情况都会使大猪按动按钮的动力受到抑制，只有外界激励大猪才会大大强化大猪按动按钮的动力。

5.2　农产品区域品牌形成中的内部主体博弈分析

5.2.1　企业间协同竞争的博弈模型

根据第一节有关博弈论的基本概述与博弈论的类型，本节将博弈论的研究思想、方法和工具应用于企业间农产品区域品牌竞争博弈模型的分析。

随着现代竞争日益激烈化、集中化和高层次化，博弈论成为研究竞争问题的有效工具。透过博弈论的方法与工具的分析，可以了解企业是如何集群、竞争、合作、博弈的，即群内企业间在不损人利己的情况下，如何共同生存与发展并提高企业自身的品牌竞争力。

集群产业强调企业间的合作，但是这种合作总是与竞争相联系。也就是说，在产业集群区域品牌的形成过程中，企业之间的关系不仅是竞争的，更应该是相互合作、协同竞争的；不再是一种对抗性的竞争，而是一种柔性的、协作式的竞争。首先，集群中的企业行为是一种竞争行为。集群中同类企业的发展，创建品牌是关键，谁能够打出企业品牌，谁就能够获得竞争优势。其次，集群中企业的创牌行为又是一种协同行为。由于创品牌的高投入和市场的不确定性，给企业带来创牌活动的高风险，再加上许多企业特别是中小企业，普遍存在资源不足的问题，单个中小企业难以进行有效的创牌活动，而集群中的企业可以利用地理位置上的接近和产业的关联，通过资源共享、优势互补、共同投入、风险共担方式进行协同创牌，既克服资源不足的困难，又分散了风险，使竞争双方实现"双赢"。可见，在区域品牌的创建中企业之间体现的是协同竞争关系。

1.农产品区域品牌建设中企业间协同竞争博弈模型的构建

协同竞争是指协同与竞争矛盾的双方相互引导、相互转化、相互联系、相互依赖的对立统一过程。在日益复杂的竞争环境中，竞争与协同相统一的协同竞争是企业间竞争观念的创新。

第一，企业间协同竞争博弈的基本性质。

为了研究问题的方便，可以将企业间的关系简化为同行两个企业间的关系。企业协同竞争是一种动态过程，是一种不断选择的过程，在这种过程中存在着两种基本的状态——协同与背叛。协同竞争博弈具有以下性质。

（1）企业行为不确定性。两个企业可能都信任对方，采取协同行为；也可能都自私，均采取背叛行为。

（2）个体理性。即单个企业是理性经济人，其行为的出发点是利益最大化、成本最小化，以达到高盈利为目的。当协同对企业有利时，它会选择协同行为；但当背叛能带来更大的经济效益时，它就会选择背叛，而这一结果将给协同对方带来一定的损失与风险。

（3）非零和博弈。协同竞争博弈是一种非零和博弈，在这种状况下，一方的所得并不与协同方损失的大小相等，连幸福也未必建立在协同方的痛苦之上，所以协同竞争博弈双方存在"双赢"的可能，进而达成合作。

（4）重复博弈。农产品区域品牌创建过程中企业之间的行为不仅是协同的，而且往往是多次重复的，双方每次博弈的条件、规则和内容都是相同的，不改变博弈的结构，彼此都可以看到对方过去的行为。但由于在重复博弈中有一个长期利益的存在，因此各博弈方在当前阶段的博弈中要考虑到当下的博弈是否会引起其他博弈方在后面阶段的对抗、报复或恶性竞争，即不能在一次性静态博弈中毫不顾及其他博弈方的利益。有时，一方做出一种合作的姿态，可能使其他博弈方在今后阶段采取合作的态度，从而实现共同的长期利益。

第二，博弈模型的构建。

在农产品区域品牌的形成过程中，用博弈模型分析作出如下前提假设：①假设两个企业为甲和乙，用集合 N= ｛甲，乙｝表示；②假设两个企业都可以独立采取策略，可以分别选择两个不同的策略，即合作与背叛；③假设两个企业的决策者都是风险规避型，即它们选择合作与背叛的依据为成本最小化、利益最大化；④假设两个企业的规模相差无几，合作时它们的得益相同，背叛时双方的得益也相同。两个企业的得益矩阵见表5-6。

表5-6   两个企业的得益矩阵

企业甲＼企业乙	合作	背叛
合作	(A_{11}, A_{11})	(A_{12}, B_{12})
背叛	(B_{12}, A_{12})	(B_{22}, B_{22})

在表5-6中，(A_{11}, A_{11}) 指甲、乙企业选择合作时，企业各自的得益；(A_{12}, B_{12}) 指甲企业合作、乙企业背叛时，甲、乙双方的得益，一般而论，$A_{12}<B_{12}$；(B_{22}, B_{22}) 指双方都背叛时双方的得益，且 $B_{12}\neq B_{22}$。在一次性博弈中，由于参数值不同，该模型的均衡结果也不相同。

当 $A_{11}>B_{12}$，$A_{12}>B_{22}$ 时，（合作，合作）是双方博弈唯一的纳什均衡结果。

当 $A_{11}<B_{12}$，$A_{12}<B_{22}$ 时，（不合作，不合作）是双方博弈唯一的纳什均衡结果。

当 $A_{11}<B_{12}$，$A_{12}>B_{22}$ 时，（合作，不合作）、（不合作，合作）是双方博弈唯一的纳什均衡结果。

当 $A_{11}>B_{12}$，$A_{12}<B_{22}$ 时，（合作，合作）、（不合作，不合作）是双方博弈唯一的纳什均衡结果。

2.农产品区域品牌建设中企业间协同竞争模型分析

由以上的分析可以看出，如果企业甲、乙之间的交易仅限于一次，且不考虑不合作方受到惩罚的影响，则双方会从各自利益最大化出发，选择（不合作，不合作）的策略。虽然这一组合也是纳什均衡，但并不是帕累托最优，于是陷入了所谓的"囚徒困境"，即双方相互冲突不可能实现合作。

由于一次博弈无法实现合作，而经济人的理性假设有限，且不完全信息的存在，因此进行无限重复博弈成为可能。如果博弈可以重复进行多次，则每个博弈者会更多地注重长远利益而放弃眼前利益，最终使得在一次性博弈中不可能实现的合作成为可能，实现更有效的均衡。

在所有的博弈中，参与人策略选择的原则都是利益最大化，这在重复博弈中也是成立的。但重复博弈的得益与一次性博弈有所不同，考虑重复博弈总体得益情况的方法之一是计算重复博弈的"总得益"，即博弈方各次重复博弈的总和。另一种方法是计算各阶段的"平均得益"，即总得益除以重复次数。在无限次重复博弈中，一般只能采用第一种方法来衡量博弈方的总体得益情况。然而，由于重复博弈有时间先后，所以其不同阶段的得益也有时间先后之分。因此，如果重复博弈进行的次数很多，每次间隔时间较长，或者是无限次重复博弈，那么必须考虑得益的时间先后这个问题。若忽略这一问题有可能得不出符合实际情况的结果，因为受资金时间价值及心理作用的影响，不同时间的得益对于人们来说是有区别的。解决这一问题的方法是引进后一阶段得益折算成当前阶段得益（现在值）的折现系数 δ_i。

假设每个局中人折现率相同，都为 δ，在无限次重复博弈中某一均衡下各阶段得益分别为 π_1、π_2、$\pi_3\cdots\pi_n$，则考虑时间价值后，无限次重复博弈总得益的现值是：

$$\pi = \pi_1 + \delta\pi_2 + \delta^2\pi_3 + \cdots + \delta^n\pi_{n+1} = \sum_{t=1}^{\infty}\delta^{t-1}\pi_i \qquad (5-1)$$

重复博弈同于一次博弈的简单重复，重复博弈的均衡将会出现许多可能性。

（1）当$A_{11} > B_{12}, A_{12} > B_{22}$时，（合作，合作）的策略选择是博弈方的纳什均衡解。若将此博弈作为原博弈进行n次重复，则博弈各方都会选择（合作，合作）策略，其总得益为第一次博弈得益的n倍。

（2）当$A_{11} < B_{12}, A_{12} < B_{22}$时，（不合作，不合作）是第一阶段博弈方的纳什均衡解，而效率比较高的（合作，合作）策略不会出现，每个企业的得益都为$\pi = B_{22}$。但若博弈各方有足够的耐心，重复进行无穷次博弈，那么（合作，合作）是博弈双方的一个子博弈完美纳什均衡结果。即

$$\pi_1 = A_{21} + A_{22}\delta + A_{22}\delta^2 + A_{22}\delta^3 + \cdots + A_{22}\delta^n = A_{21} + A_{22}\frac{\delta}{1-\delta} \quad (5-2)$$

$$\pi_2 = A_{11} + A_{11}\delta + A_{11}\delta^2 + A_{11}\delta^3 + \cdots + A_{11}\delta^n = A_{11}\frac{\delta}{1-\delta} \qquad (5-3)$$

上式中，π_1是甲方选择合作、乙方选择不合作时甲方的收益，π_2是双方都选择合作时的收益。当$\pi_1 \leqslant \pi_2$时，甲、乙双方从长远利益出发都会选择合作，从而使企业集群中的企业走出"囚徒困境"。

（3）当$A_{11} < B_{12}, A_{12} > B_{22}$时，（不合作，合作）、（合作，不合作）是博弈各方的纳什均衡解。若以此博弈为原博弈进行n次重复，那么甲在前$n-2$次中会选择合作；如果出现（合作，不合作），甲将改选不合作并坚持到底。企业乙亦是如此。

（4）当$A_{11} > B_{12}, A_{12} < B_{22}$时，（合作，合作）、（不合作，不合作）是博弈各方的纳什均衡解。在此情况下，虽有多条子博弈完成了纳什均衡路径，但（合作，合作）策略是每个阶段的帕累托最优选择。

根据企业间博弈模型分析可以得出，竞争作为社会经济发展的动力，是一切社会经济关系的基础，故不合作是基本的，合作则是存在条件的。

在区域品牌形成的过程中，企业之间更应该以长远利益的最大化为目标，彼此之间采用协同合作的策略，逐步建立稳定、长期的协同伙伴关系，共同推进农产品区域品牌的建设。

5.2.2 政府与企业间的博弈模型

农产品区域品牌形成过程中，企业在利用区域品牌进行经营时，由于利益的驱动，偶尔会采取不利于区域品牌成长的自私行为，同时区域品牌指向外的企业为一己私利，存在侵犯品牌知识产权、假冒区域品牌的行为。对于这些行为，政府和行业协会作为市场监管者，应该采取有效的监督手段，对其进行有效的监督管理。

对政府与区域品牌指向下违规企业间的博弈模型作以下假设。

（1）农产品区域品牌的形成过程中，政府对集群内的企业进行监督，对违规的企业进行惩罚。

（2）农产品集群内企业间的关系是协同竞争，各个企业生产的同类产品价格相似，设为P，生产的产品数量为Q（假设规模相仿的各企业在自身生产能力限定下的产量为Q）。企业生产劣质商品为主要违规行为，设增加的产品数量为ΔQ（假设其他条件不变，违规方式是增加劣质品产量）。

（3）政府进行检查的概率为m，企业违规的概率是n。

（4）企业经营者都会自发规避风险，以付出成本最小化获得利润最大化为经营目标。

政府在这种模式中发挥着监督与服务的作用，其检查企业的目的是使区域品牌能够健康延续，而不会过多考虑政府的短期收益。企业试图违规的行为有可能被查到，也有可能不被查到，在被查到与不被查到两种情况下，企业的收益显然是不一样的。所以通常的情况是，企业以一定的概率去选择"违规"，而政府也以一定的概率来检查，因此可以得到政府与企业间的得益矩阵（见表5-7）。

表5-7 政府与企业间的得益矩阵

状态（概率）		政府	
		检查（m）	不检查（$1-m$）
企业经营者	违规（n）	$PQ + \Delta QP - f, CF + f$	$PQ + \Delta QP, C - f$
	不违规（$1-n$）	$PQ, C - a$	$PQ - b, C$

在表5-7中，C 为常数，代表政府正常情况下不检查、企业不违规的收益，$PQ + \Delta QP$ 为企业从违规行为中获得的收益；PQ 为不违规时的收益；a 为政府在检查过程中企业不违规时付出的成本，b 为政府不检查且企业不违规时企业的机会成本；f 为违规被查获时对违规企业所处的惩罚数额，并且 $f > \Delta QP$ 为必要条件（因为罚款大于违规收益才有意义），上缴的罚款归政府。政府查与不查的概率分别是 m 和（$1-m$）；而企业违规与不违规的概率分别是 n 和（$1-n$）。显然，$0 \leqslant m \leqslant 1$ 和 $0 \leqslant n \leqslant 1$，因为政府不可能事事过问监督，也不可能毫无行动；而企图违规的企业也不会不分时间场合，一有机会就行动，也不会完全没有违规行为。另外，在不影响讨论的前提下，设 $Y = PQ + \Delta QP$、$X = PQ$，假定 Y、X、c、f、b 均为非负数。

对于企业，采取违规时的期望收益为

$$E(\pi_1) = m[PQ + \Delta PQ - f] + (1-m)P(Q + \Delta Q) = m(Y-f) + (1-m)Y \quad (5-4)$$

而不违规时企业的期望收益为

$$E(\pi_2) = mPQ + (1-m)(PQ - b) = mX + (1-m)(X-b) \quad (5-5)$$

使 $E(\pi_1) = E(\pi_2)$，可得出企业违规的临界值 m：

$$m(Y-f) + (1-m)Y = mX + (1-m)(X-b)$$
$$m = \frac{(b + \Delta QP)}{(b + f)} \quad (5-6)$$

对于政府，选择"检查"的期望收益为

$$E(\pi_1') = n(f+c) + (1-n)(c-a) \quad (5-7)$$

而选择"不检查"的期望收益为

$$E(\pi_2') = n(c-f) + (1-n)c \qquad (5-8)$$

同样，使 $E(\pi_1') = E(\pi_2')$，可得出政府检查的临界值 n：

$$n(f+c) + (1-n)(c-a) = n(c-f) + (1-n)c$$

$$n = \frac{a}{(a+2f)} \qquad (5-9)$$

参数讨论首先要保证 m 和 n 的可行性，即 $0 \leqslant m \leqslant 1$ 和 $0 \leqslant n \leqslant 1$。因为 $f > \Delta QP$，所以 $0 \leqslant m \leqslant 1$ 和 $0 \leqslant n \leqslant 1$ 也成立。

显然，从政府的角度讲，希望 m 和 n 都越小越好。就 n 而言，要求 a 小而 f 大；要求 a 小容易理解，就是尽量降低检查的成本，而要求 f 大可以这样理解：f 为违规被查获时对违规企业所处的惩罚数额，也许从直观上来看，罚款未必有那么大，但如果政府能充分认识到违规行为的危害，把它定义为严重行为，引起足够的重视，就能督促集群中的企业尽量杜绝违规行为。

根据 $m = \dfrac{(b+\Delta QP)}{(b+f)}$ 能够得出，罚款 f 越大，相对而言，政府检查的概率 m 就越小；f 越大，企业违规概率 n 越小，所以政府考虑到检查成本便可降低检查概率。通过 $n = \dfrac{a}{(a+2f)}$ 发现，a 作为政府检查成本，a 越大则企业违规概率 n 就会越大，a 越大则企业会认为政府由于检查成本高而提高违规概率。政府在区域品牌管理过程中，对企业违规的罚款应适当但不应小于其私自违规得益，而政府也应降低检查成本，两方面协调好才能有效控制企业违规概率。

此模型从政府和企业两方面，分析了在可能出现企业违规的情况下，二者之间的博弈关系，从一定程度上对其作出了定量解释。在这个模型中，政府凭借这一主导权，来诱导企业的行为，使之向有利于企业的方向发展。

这个博弈模型应该起到一种激励作用。一方面，政府拥有政策和制度的主导权，以影响对策的各个要素，如检查的频率、时间、范围、对象、惩罚的力度，还可以根据需要进行一些突击检查；在制定企业的方针政策时，应该认识到企业的主观能动性，应该注意从企业的角度来考虑问题，了解企业的行为模式，使其在实现局部优化的同时，在客观上配合政府政策的实施，从而实现全局最优化。另一方面，关于惩罚的问题前面讲到，政府的激励对于挖掘企业的积极性很重要。但是，激励和惩罚必须有效地、恰当地结合。也就是说，政府必须拥有必要的惩罚手段，足以应对可能的企业违规行为。但是不能随意地使用惩罚，而应该以"激励为主，惩罚为辅"。

5.2.3　行业协会与假冒品牌企业间的博弈

行业协会作为市场监管者之一，同样对农产品区域品牌的发展发挥着重要作用，对行业协会与企业的博弈模型作以下假设。

（1）农产品区域品牌形成过程中，行业协会与假冒区域品牌的企业是博弈双方，两者属于非合作博弈。

（2）两者博弈属于静态博弈。两主体为了各自的利益，都不会让对方知道自己的选择。

对作为市场监管者的行业协会，有两个可供选择的策略（打击假冒，不打击假冒），对于假冒区域品牌的企业同样面临两个策略（假冒，不假冒）。行业协会与假冒品牌企业间的博弈变量包括：企业假冒区域品牌时的投入生产成本为 c；企业不假冒时所得收益为 i，假冒时所得收益为 I（$I>i$）；行业协会对假冒区域品牌的企业的罚金为 p，行业协会的奖励及失职风险成本（打击动力）为 r，打击假冒行为的成本为 e；假冒区域品牌使之贬值导致公众利益的损失为 d；行业协会从社会公众中所获得的收益为 s。

由于区域品牌假冒者大多是个体私营业主，其构成主体多而散，且流动性较强，这就导致行业协会对其监管成本较高，也造成某些区域品牌被假冒且屡禁不止。但行业协会也会因维持秩序而得到社会补偿。行业协会与假冒品牌企业间的得益矩阵见表5-8。

表5-8　行业协会与假冒品牌企业间的得益矩阵

状态（概率）		行业协会	
		打击	不打击
企业经营者	假冒	$(I-c-p, r-e)$	$(I, -d)$
	不假冒	$(i, r-e)$	(i, s)

在表5-8得益矩阵中，没有出现使行业协会与企业都能接受的纳什均衡组合策略。从假冒区域品牌的企业追求自身利益最大化的出发点看，因$i<I$，只要$(I-c-p)>0$就会存在假冒区域品牌的行为。而通过外部的因素作用使$(I-c-p)\leqslant 0$时，便可以有效遏制区域品牌被假冒的可能。p作为行业协会对假冒品牌企业的罚金，是通过政策与法律来确定的，所以现实管理中的罚金p并不很高。

基于现实因素的考虑，为了提高对区域品牌知识产权的保护力度，首先要做的就是通过行业协会等市场监管者加强对假冒企业的惩罚力度，形成完善的监督制度，以有效遏制假冒与破坏区域品牌的行为。

从行业协会与企业的博弈关系中得出，农业行业协会的主要职能就是促进行业发展，为实现其行业管理目标，通常在诸多方面对企业的行为进行制约，这就需要加强农业行业协会与企业之间的合作。具体合作的内容有区域品牌的申请和使用、行业标准的制定和实施、行业协会向企业收取会费等。同时，实践中企业通常会采取诸如不按照行业协会要求使用区域品牌、拖欠会费、违反行业协会的质量标准等违规行为来追求利润最大化，这时行业协会就会采取行动来制止这些行为。二者就是这样不断地进行博弈，最终达到均衡。

5.3 农产品区域品牌形成中的外部主体博弈分析

5.3.1 企业与客户群的博弈模型分析

在上节中分析了农产品区域品牌形成过程中内部各主体间的相互作用，本节将分析企业在市场交易中与客户群和个体农户之间的博弈。农产品区域品牌的形成能不能得到消费者的认同是其存在的关键，品牌的发展仅仅依靠产业内部相关主体的建设是不够的，更需要得到消费者群体的认同。消费者在选择购买商品时，最为关心的是质量和价格两个要素。如果该区域品牌的商品物美价廉，则很容易受到消费者的青睐；反之，如果商品的质量和价格不能使消费者满意，则区域品牌就会受到负面影响，从而不能得以传播和长久存在。现实生活中的市场价格大都不是单一的，而是根据多种因素影响从而变为多种不同的价格，卖方常常根据商品质量市场行情和国家政策等确定或调整价格。因此，商品价格的差异，往往也能透露一些商品质量方面的信息，消费者可以通过价格信息和经验决定是否购买。

博弈论在分析市场交易这类问题时，有一个比较典型的例子——"双价二手车交易模型"。该模型可抽象为：二手车的质量有好、坏两种情况，卖方在这两种情况下均可以选择卖高价或者卖低价；买方的选择有两种，接受对方的售价购买或者不接受对方的售价不购买。本节对该模型适当改建，用来研究分析企业与客户群之间的博弈。

1.企业与客户群的博弈模型构建

首先对该模型作出以下假设：

（1）企业供应的商品按质量可分为两类："优质"和"劣质"。一般地，"优质"商品由于成本高而卖高价，但是，"劣质"商品则既有可能卖低价也有可能卖高价（信息不对称）。我们用p_h表示商品卖高价，用p_l表示商品卖低价，c_g表示优质商品的单位成本，c_b表示劣质商品的单位成本。

（2）卖"优质"商品还是"劣质"商品是集群内企业的自主行为（假设集群内的企业和集群外的企业之间的竞争是完全的）。

（3）我们用V表示"优质"商品带给顾客的效用，W表示劣质商品带给顾客的效用。

（4）顾客可以决定"买"或"不买"。顾客购买的标准是追求其效用最大化。

如果企业想将"劣质"商品顺利卖出甚至卖出高价，则需要对"劣质"商品进行包装和改造（欺诈行为），设该项费用为C，根据以上假设可以得到企业与顾客的得益矩阵（见表5-9）。

表5-9 企业与顾客的得益矩阵

企业行为	质量标准	价格标准	顾客选择	
			买	不买
企业行为	优质	高价	$P_k - C_g, V - P_k$	$-C_g, 0$
		低价	$P_l - C_g, V - P_l$	$-C_g, 0$
	劣质	高价	$P_k - C_b - C, W - P_k$	$-C_b - C, 0$
		低价	$P_l - C_b, W - P_l$	$-C_b, 0$

2. 模型分析与讨论

根据模型的基本意义，可以得出以下结论：$V > W$，$P_h > P_l$，$C_g > C_b$。此外，我们可以进一步假设以下不等式成立来简化分析：用高价购买优质商品的效用大于用低价购买劣质商品所得到的效用，即$V - P_h > W - P_l > 0 > W - P_h$。

由于企业在商品质量好、质量差两种情况下都有卖高价、低价的可能性，因此消费者不能简单地依照价格的高低判断商品质量的好坏。也就是说，消费者应该根据自身的期望收益来决定购买或不购买。企业选择定高价还是定低价同样取决于自身的期望收益，而企业对劣质商品卖高价还是卖低价关键就在于包装费用 C 的大小。下面对不同取值下企业与消费者的博弈进行讨论。我们分三种情况来分析研究 C 的不同取值对双方博弈结果的影响。

（1）当 $C=0$ 时，即企业在商品质量差时不用花费任何代价，就能冒充优质品而不会被消费者发现，则定高价相对于定低价是绝对的上策，所有的企业都会定高价。此时，价格已经完全不包含商品质量信息。高价已经完全不能证明商品质量的好坏，如果这时再满足 $p_g(V-P_h)+p_b(W-P_h)<0$，即顾客选择购买的期望得益小于0，则顾客必然不会做出买的选择。此时企业的商品必然卖不出去。即使是质量好的商品也不会再有顾客敢买，这样的区域品牌就完全不被消费者认可。

（2）$C \geqslant P_h - C_b$，该博弈会实现最理想的市场完全成功的完美贝叶斯均衡。其中价格能完全反映商品质量的好坏，优质商品企业会卖高价，劣质商品企业会卖低价，而顾客则肯定会购买商品。该完美贝叶斯均衡的双方策略组合和相应的判断如下。

第一，企业在商品质量好（优质）时卖高价，在商品质量差（劣质）时卖低价。

第二，顾客会购买商品。

第三，顾客的判断依据是 $p(g|h)=1, p(b|h)=0, p(g|l)=0, p(b|l)=1$。其中四个条件概率依次为企业卖高价时商品质量好（$g|h$）、卖高价时商品质量差（$b|h$）、卖低价时商品质量好（$g|l$）、卖低价时商品质量差（$b|l$）的条件概率。

首先，分析顾客的选择。

对顾客来说，如果企业卖的是高价，则选买的期望得益为

$$E(\pi_1) = p(g|h)(V-P_h) + p(b|h)(W-P_h) = V - P_h > 0 \qquad (5-10)$$

如果企业卖的是低价，则顾客选买的期望得益为

$$E(\pi_2) = p(g|l)(V - P_i) + p(b|l)(W - P_i) = W - P_i > 0 \qquad (5-11)$$

两种情况下选不买的得益是0，因此对买方来说买是相对于不买的绝对上策。显然在这种情况下，企业的得益为正。

其次，分析企业的选择。给定顾客的判断和策略，当商品质量好时，因为 $P_h > P_i$，所以企业当然会选择以高价出售；当商品质量差时，因为 $P_h - C_b - C < 0 < P_i$，所以企业会选择以低价出售。

（3）$0 < C < P_h - C_b$，说明虽然出售劣质商品需要包装费用，但是所获得的收益仍然大于不包装卖低价时的收益。此时我们作出以下假设。

第一，企业在商品质量好（优质）时卖高价，在商品质量差（劣质）时有可能卖高价，也有可能卖低价。

第二，顾客不一定购买商品。

第三，顾客的判断依据是 $p(g|h) = r, p(b|h) = 1 - r, p(g|l) = 0, p(b|l) = 1$。其中四个条件概率依次为企业要高价时商品质量好、要高价时商品质量差、要低价时商品质量好、要低价时商品质量差的条件概率。

首先，分析顾客的选择。

企业出高价时，顾客选买得期望得益为：

$$E(\pi_3) = p(g|h)(V - P_h) + p(b|h)(W - P_h) = r(V - P_h) + (1 - r)(W - P_h) = r(V - W) + W - P_h \qquad (5-12)$$

所以如果此时的期望得益 $E(\pi_3) > 0$，则顾客会选择购买商品。令 $E(\pi_3) = 0$，因为 $W - P_h < 0$，可以解出 $r = \dfrac{P_h - W}{V - W}$，即此时顾客出于自身效用最大化的目标，不一定会购买商品。只有当企业要高价时商品是优质商品的概率 $r > \dfrac{P_h - W}{V - W}$ 时，顾客才会购买商品。如果 $0 \le r \le \dfrac{P_h - W}{V - W}$，则将不会有顾客购买商品，当然企业的收益只能是负值（成本及包装费）。

企业出低价时，顾客选买得期望的益为：

$$E(\pi_4) = p(g|l)(V - P_i) + p(b|l)(W - P_i) = W - P_i > 0 \qquad (5-13)$$

所以如果企业出低价，则顾客会选择购买商品，因为此时顾客的期望得益大于0。

其次，分析企业的选择。如果给定顾客的判断和策略，则当商品质量优时，同上所述，因为 $P_h > P_i$，所以企业当然会选择要高价；但是当商品质量差时，由于包装费用不够高，所以企业仍然有可能卖高价。假设此时企业卖高价的概率为 $t(0 \leqslant t \leqslant 1)$，显然卖低价的概率为 $1-t$，则此时企业的期望收益为

$$E(\pi') = t(P_h - C_b - C) + (1-t)(P_i - C_b) \qquad (5-14)$$

如果 $E(\pi') > 0$，则企业会以 t 的概率将劣质商品卖高价；如果 $E(\pi') \leqslant 0$，则企业只能卖低价。令 $E(\pi') = 0$，整理得 $t(P_h - P_i - C) + (P_i - C_b) = 0$，因为 $P_i > C_b$，所以 $0 < P_h - P_i < P_h - C_b$。

由以上推论可知，当 $P_h - P_i < C < P_h - C_b$ 时，$t = \dfrac{P_i - P_b}{C - (p_h - p_i)}$，即当企业高价的概率 $t > \dfrac{P_i - P_b}{C - (P_h - P_i)}$ 时，企业的期望收益大于零，反之企业会卖低价；当 $0 < C \leqslant P_h - P_i$ 时，由于 $P_i - C_b > 0, P_h - P_i - C > 0, 0 \leqslant t \leqslant 1$，所以不管 $t(t \in [0,1])$ 取何值，企业的期望收益 $E(\pi')$ 都大于0。

5.3.2　企业和个体农户之间的博弈关系

由于面临的机会成本不同，在农产品区域品牌建设过程中，企业和个体农户或小企业之间发生非合作博弈的可能性非常大。

首先，由于企业拥有雄厚的实力，往往在本地市场有较高的市场占有率。此时，要想进一步发展壮大，向外开拓市场的意愿必然会十分强烈，这时投资于区域品牌建设是一个重要途径。较个体农户或小企业而言，企业在企业品牌建设中往往具备明显的资金优势及规模优势，该种企业品牌

更容易升级为区域品牌，这样既满足了自身的市场扩张需求，又使得区域内的其他企业因为受到正外部性影响而获益。相反，个体农户或小企业一般以本地市场为主，投资于品牌建设的动机不足，预期收益不明显，风险高，且其品牌效应外溢性弱，无法满足企业的扩张需求。因此，企业直接或间接投资于区域品牌建设，而个体农户或小企业坐享其成，是双方博弈的最终结果。

其次，农业区域品牌具有的公共属性决定了区域品牌形象的脆弱性，一旦有不良的个体行为破坏了区域品牌的形象，则会降低整个区域品牌的价值，对区域内使用该品牌的众多企业产生不利影响，这就是"品牌株连性"。在此过程中，与个体农户或小企业相比较而言，企业所遭受的损失更大，这是由二者的市场覆盖率、前期投入及专业转产的刚性差异等原因造成的。因此，双方博弈的另一种可能是企业通常会竭力维护区域品牌的利益，而少数个体农户或小企业则为了获取"柠檬市场"前期以次充好的不合理利润去违背诚信经营的原则。

5.4 本章小结

本章对农产品区域品牌形成和管理过程中存在的类似"囚徒困境"的难题进行了博弈分析。首先对博弈理论中的"囚徒困境"经典模型和"智猪博弈"修正模型进行理论分析，然后建立了区域品牌创建中企业间的协同竞争博弈模型、市场监管者和企业的博弈模型、企业与客户群的博弈模型、企业和个体农户之间的博弈模型。最后通过博弈模型分析，说明企业与企业、企业与市场监管者、企业与市场之间通过竞争合作行为协同创造品牌的合理性，使企业和政府等主体增强了对竞争中的冲突和合作的理解，最终采取协同行为走出"囚徒困境"。

从本章农品区域品牌形成中的博弈模型分析可以得出以下结论。

首先，"搭便车"作为占优策略是必然存在的。主观上，追求经济利益最大化是企业滥用、冒用区域品牌的根本动力，"理性经济人"的占优战略均衡是可以预测到的唯一的均衡。客观上，农产品区域品牌产权的模糊性和公共属性为区域品牌"搭便车"行为创造了条件，交易信息不对称为企业滥用区域品牌提供了可能，所以"搭便车"行为作为区域品牌建设的风险必然存在。

其次，重复博弈的规制是现实存在的。重复博弈是企业走出"囚徒困境"的方法之一，因为在使用农产品区域品牌过程中，企业间的联系对其使用行为形成一种制约，使用农产品区域品牌的企业在重复博弈中选择建设策略是最优的。

再次，促进合作规范才能形成合作预期。管理者要协调和稳定成员的预期，使团队成员的合作意愿被激发出来，获取社会资本成为促进其合作的动力，建立成员间信任与合作的规范，在集群中建立良好的社会网络，共同维护区域的品牌，实现企业的共赢和整体最优。

最后，市场监管者应引入奖惩机制。政府或行业协会引入奖惩机制打破现有纳什均衡，用激励、惩罚措施改变成员所得的支付，增加其承担的风险，使团队中的个体觉得建设农产品区域品牌更符合他们的利益。这些奖惩机制主要通过集体强制性契约，使成员基于利益驱动与对惩罚的规避而采取合作行为。

第6章 国内外农产品区域品牌建设的对比研究

本章通过对不同国家、不同地区农产品区域品牌建设的分析，从地理要素禀赋、政府的扶持、科技的发展等方面进行对比研究，旨在为各地区建设农产品区域品牌提供借鉴与支持。

6.1 国外农产品区域品牌建设概况

国外农产品区域品牌建设，需要充分考虑其地理要素禀赋、政策扶持、科技进步等因素对农产品的影响，故选择有代表性的荷兰、澳大利亚、美国、泰国等国家的农产品区域品牌建设案例。

6.1.1 荷兰农产品区域品牌建设概况

荷兰的农产品品牌以花卉业为主，其花卉产业在世界范围内发展迅猛且成为该国支柱性产业。荷兰每年花卉出口量占全国出口量一半以上，其中所产出的鲜花占据世界市场份额的65%，在全球价值链花卉产业中一直居于首位。究其原因，有以下几点。

第一，荷兰地处温带海洋气候区，冬温夏凉，冬季平均气温2～3摄氏度，夏季平均气温18～19摄氏度。海拔高、温度低，光照条件一般，种植花卉的先天条件并不优越，主要依靠玻璃温室弥补先天的不足。荷兰的花卉种植主要集中在西部一些很小的地区，70%以上的花卉在温室中种植，且绝大多数的温室分布在海滨地区。相较于荷兰的其他地区，海滨地区的气候、湿度、光照条件优越，比较适合花卉的生长。2013年12月，荷兰人口达到1680万，人口密度超过400人/平方千米，是世界上人口密度最大的国家之一，属于发达国家中劳动力资源富裕的国家。

第二，专业化的生产方式，先进的生产技术，以及完整的配套服务体系，使得荷兰花卉产业朝着更加专业化、技术化、精细化的方向发展。荷兰将花卉产业视为核心优势，采取了精品化的产业发展战略。在荷兰经济社会发展过程中，花卉产业举足轻重。据估计，在25万左右的农业就业人口中，有近9万人从事花卉生产和销售，占比超过三分之一。2017年，荷兰共有纯种植业农场4万个左右，其中，花卉园艺农场占比超过三分之一。此外，荷兰花卉产业链完整，花卉育种、育苗、生产、交易和流通等环节科学分工、高效联动，推动了整个产业快速发展。

花卉产业的高度集中使其形成了从研究培育、种植生产、经营管理、推向市场到产品运输的完整产业链，吸引了大量与花卉业相关的产业进入市场，通过产品与服务之间的合作互助，逐渐形成了以花卉为中心的"产业群落"。同时，产业链逐步扩大，知名度得到提高，促进了各企业共生共赢共同发展。

第三，荷兰政府和企业对花卉产业集群发展高度重视，共同提高了花卉集群品牌的核心能力。在公共政策方面，政府并不直接参与花卉产业的经营，而是提供各种相关的服务。比如，建立和完善花卉合作社和花卉拍卖及销售制度；为农产品经营提供市场信息和需求信息；与其他国家或地区签署各种贸易协定；鼓励各种贸易组织开展多种形式的出口促销活动等。在技术支撑方面，政府不断鼓励科技创新与技术研发，实行科技兴农战略，发展现代生物技术，积极研发新品种，从培育优良品种着手，定位于良种市场，形成研究开发、生产加工、咨询服务的良种培训一条龙体系；拓宽产业链，在发展花卉企业的同时,用现代科学技术培育各类适合发展的农产品良种,如土豆、洋葱等,提高产品附加值。在财政政策方面,采取税收优惠措施,对直接从事花卉产业者给予降低增值税税率、减少能源使用费、增加科研财政补贴等优惠措施;还授权部分中介机构管理和协调花卉相关行业之间的利益与矛盾,维护政府、企业和个人之间合法利益,如图6-1所示。

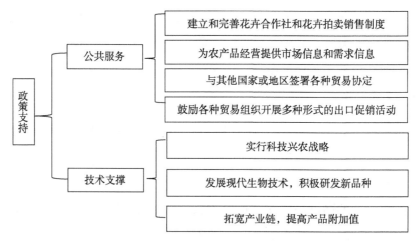

图6-1　荷兰政府对花卉产业的推进政策

荷兰的花卉科技一直走在世界的前列。荷兰有数量众多的花卉研究所,形成了结构分明、相互协调的花卉科研体系。第一层次是大学花卉研究所。其中,瓦格宁根大学是荷当唯一的一所农业大学,在当今世界农业科研领域排名第一,拥有最先进的科研设备和顶尖科研人才。荷兰政府每年都会为其提供大量的科研经费,2016年政府投入直接经费为98亿欧元。第二层次是国办花卉研究所。以国际植物研究所为代表,这些机构主要从事花卉理论方面的研究。第三层次是企业自办花卉研究所。与我国不同,企业自办研究所在花卉科研技术的发展中起到"领头羊"的作用,是荷兰花卉研究所的主力。这些研究所自负盈亏,科研成果的科技转化率、贡献率最高。强大的科研能力使得荷兰在花卉种子培育、栽培技术等方面均处于世界领先地位。

6.1.2 澳大利亚农产品区域品牌建设概况

澳大利亚的农产品品牌以种植业为主，其种植业主要是旱地作物，其中以生产小麦为主。其通过拓荒垦殖，使得小麦种植面积迅速增多，约占耕地总面积的50%。在种植业中，小麦的产量居世界第八位，其中3/5用于出口，出口量占世界出口量的14%，跃居世界第二位，并长期保持第二、第三位，澳大利亚成为世界小麦生产大国。澳大利亚的农产品具有以下特点。

第一，农业产业化程度高，区域发展特色明显。由于澳大利亚东部大分水岭阻挡了东部暖湿气流的西移，澳大利亚被分为三个区域带，即东部农业区、中部平原区、西部高原沙漠和半沙漠区。三个区域带的主要产业见表6-1。其中，中部平原区和东南部地区为小麦的主要生产区。同时，随着农场经营规模的不断扩大和农业生产商品化的快速发展，出现了生产经营单一农作物或单一农产品的农场，使得农业生产专业化分工越来越细，专业化程度越来越高，并且区域特色也越来越明显，对于农产品区域品牌的构建及知名度的提升起到了巨大的作用（表6-1）。

表6-1 澳大利亚各区域带主要发展产业

地区	发展的主要产业
东部农业区	种植业和奶牛业
中部平原区	小麦和畜牧业
西部高原沙漠和半沙漠区	畜牧业

第二，基本公共服务覆盖率高，社会化服务体系健全。澳大利亚自来水、天然气、公路、电力、电视、通信等基础设施建设逐渐完善，农场主的社会保障都纳入政府的保障体系，包括文化教育、医疗保健、失业养老等，从制度上保障了农村居民的国民待遇。并且澳大利亚还有完整的社会

服务体系，涉及生产、经营、加工、运输、销售、金融、保险、科技、税务、教育、防疫、检疫、信息等各方面。

第三，政策帮扶小麦出口销售，改进农业科学技术。澳大利亚政府设立专门的澳大利亚小麦局，主要经营管理小麦的选种、生产经营及小麦烤制品和出口销售。小麦局与当地生产农户建立了合作关系，当地80%的小麦种植者都是小麦局会员，直接将所种植的小麦出售给小麦局，解决了农产品积压问题，而小麦局通过国家运营手段来促进小麦的出口销售，并为小麦种植者提供租赁、协助交易、储蓄和保险等多项服务。这对小麦的区域品牌构建发挥了重要作用，同时也可以使小麦的区域农产品品牌享誉世界。

此外，政府积极推进国家网络基础设施的建设，充分应用计算机和感应技术，提升了澳大利亚农产品生产力，农业从业者能够更有效利用资源，实现了对农场各项指标（包括土壤湿度、库存变化、农场安全）实施远程监控的想法。澳大利亚政府大力发展农业科研服务，积极培育具有抗旱性、优质性的小麦品种，不断研发引水技术，兴修水利工程，为小麦生长提供足够的水源，克服了自然环境带来的不利影响。

第四，发展生态农业，延长农产品产业链。澳大利亚大力发展生态农业，通过秸秆还田、田间轮作等措施来增强土壤肥力。同时，建立良性的农业生态系统，通过农场土地交替种植小麦、牧草和休耕，并且进行合理的农事安排使小麦种植和牧羊活动交替进行来保持土壤的肥力，发展生态农业（见表6-2）。

表6-2 澳大利亚良性农业生态系统

月份	1	2	3	4	5	6	7	8	9	10	11	12
小麦种植	犁地		播种			小麦生长季节					收割	
绵羊饲养	在牧场上放牧					配种		剪羊毛		在收割后麦田上放牧		

此外，澳大利亚在追逐商品化、产业化、现代化的同时，不仅发展小麦种植业，还发展大量的经济作物，如棉花、葡萄酒和蔗糖三大产业，扩大产业品种，延长农产品产业链，使得澳大利亚农业发展呈上升趋势。

6.1.3　美国农产品区域品牌建设概况

美国的人口只有 3 亿人左右，其中农业人口还不足全国人口总数的 2%，不过 600 万人而已，却生产出了世界上数量最多且品种丰富、质量上乘的粮食、畜产品及其他农产品，这主要得益于以下几方面。

第一，通过农业立法与政府支持，推动农产品产业的发展。美国农业立法的目的是以法护农、以法治农。截至目前，美国已建立了以农业法为基础和中心的由 100 多个重要专门法律构成的比较完善的农业法律体系，其中包括《农业调整法》《宅地法》《农业贷款法》《农产品销售协议法》《联邦农业完善和改革法》《自然资源保护和恢复法》《合作推广法》《造林法》《渔业养护及管理法》《联邦农作物保险法》和《灾害救济法》等。这些法律法规在为农业的发展提供政策支持与保障的同时也使得农业生产得到了更好的监督，并受到法律的保护。

第二，充分利用自然条件，打造农业产业集群区。由于土地辽阔，美国根据各地气候、降水、土壤等要素的不同，因地制宜生产不同的农产品，从而使得美国农业带有较强的区域性，并形成了农产品的区域分工布局，为区域农产品集群奠定了基础。美国玉米区集中在中部地区，葡萄酒产区集中在东南部地区，该国玉米与葡萄的种植生产地的选择与生产地的地理要素相匹配。同时，美国农业的生产发展主要向大规模的农场集中，扩大了农业生产经营的规模，为农业产业的集聚提供了有利条件（见图6-2）。

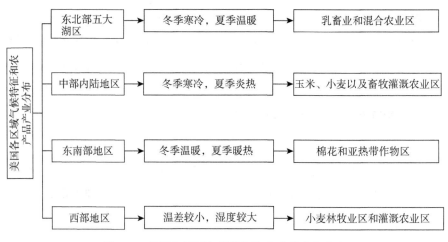

图6-2　美国各区域气候特征和农产品产业分布

第三，美国农业政策体系健全。主要包括支持农业生产政策、支持农业对外贸易政策、农业保险政策等，这些政策完善了农业产业的政策支撑体系。同时美国政府从转换期内补贴、贸易、信贷、研究、保险等方面对有机农业进行支持，使得有机农业迅猛发展，在降低农业经营成本、提高农户经营收入、提高农业生产效率、减少自然环境污染等方面领先于其他国家。美国有机农业发展政策（见表6-3）。

表6-3　美国有机农业发展政策支持

具体方面	相应规定
转化期内补贴	在转换期每户农户可以收到2万～8万美元的政策补贴支持
	通过转换管理计划对有机生产者提供认证交叉交联
	通过转换储备计划支持新进入的有机生产转换农户
贸易支持	在《农业法案》中补充了有关有机农业进入市场的促进计划
信贷支持	实施转换期内贷款和贷款担保计划
研究支持	增加强制商品信贷合作基金
保险支持	要求保险公司提高对种子购买、土地培育、防范自然灾害等方面的理赔率

第四，科技的快速发展为区域农业产业的发展提供了技术支撑。美国在严格执行休耕限产制度的情况下，农产品产量依旧可以达到世界领先水平，主要得益于其先进的科学技术。在美国，归属农业部农业研究局的研究中心有4所，其中有130多所农学院，56个州农业试验站，57个联邦与州合作建立的地区性推广站，以及3300多个农业合作推广机构，63所林学院，27所兽医学院，9600名农业科学家，7万左右的农技推广人员，还有1200家服务于农业领域不同性质的科研机构，有10家农业生物技术公司排名前20。这些科研院所（机构）推动农业技术的不断发展，使得美国农业技术具有先进性，农业发展具有信息化、专业化、产业化、规模化等特征。

下面以玉米、葡萄酒产业为例，主要分析美国玉米产业集群与葡萄酒产业集群的发展。玉米种植区主要集中在美国中部地区，是美国最主要的玉米生产区，同时也是世界上最大的玉米种植区和生产区。在美国中部地区约有15个玉米生产州，玉米的种植面积和产量高达80%。在这一产业带中，以种植和生产玉米为主，也适量生产小麦、大豆、饲料等作物。玉米的种植生产为生猪、肉牛等提供了大量的饲料，从而带动了畜牧业的发展，大大提高了玉米产业在全国的经济地位和农业的竞争力。玉米农产品集群区的传导机制如图6-3所示。

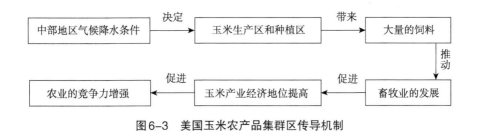

图6-3　美国玉米农产品集群区传导机制

此外，美国的葡萄酒产业集群区内有600个专业酿酒商和几千个葡萄种植者，同时还开发了各种产业，如为葡萄收割、贮存等提供服务的产业，广告宣传，葡萄酒乡旅游业及为葡萄酒提供销售渠道的餐饮业等，形成了集葡萄种植、葡萄收割、葡萄酒酿造、广告宣传及销售于一体的服务型农产品产业区。同时，该地还发展以葡萄酒为核心的旅游观光业，带动地区经济发展及综合竞争力的提升。葡萄酒产业的传导机制（见图6-4）。

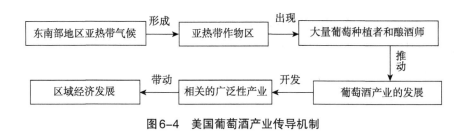

图6-4 美国葡萄酒产业传导机制

6.1.4 泰国农产品区域品牌建设概况

泰国是传统的农业国家，全国人口都参与农业相关的活动，是亚洲唯一的粮食净出口国，素有"亚洲粮仓"的美誉，并且有5000年的种植历史，其泰国香米是最独特、口感最香糯的大米。泰国农业在本国甚至是世界农业经济结构中都占据重要的地位，其在提升农业产业集群品牌竞争力的过程中采取了一系列措施。

第一，积极制定农业开发政策。主要表现在：一方面，通过兴修水利、铺路架桥、推广农业新技术、扩大农业机械化、培训农机人员、促进农业产品的良种化、改善医疗条件、兴办学校和小型农业企业等措施促进农业基本设施建设；另一方面，采取资助和补贴措施，鼓励农业投资，重视金融机构对农业发展的信贷支持。

第二，不断优化生产布局，降低生产成本。随着农业现代化的发展，泰国政府适时调整农作物的生产结构和区域布局，淘汰不适宜区，调减次适宜区，集中扩大适宜区，积极开发具有显著特色的优势农产品，初步形成农业特色生产带，不断降低农业生产成本，获取规模经济效益。此外，政府通过为各地农民建立技术培训中心，培养农民智慧，鼓励新生代农民，提高农民种植大米的能力；发展各村组织机构，如农民合作社、社区小商业合作社、社区农业信息合作社等，确保农民有发言权；为农民的大米种植做担保，给农民增加面对价格风险和自然灾害的信心；建立与发展大米种植基金协会，保障农民福利；给农民树立坚定的信念，尊重并且维护农民的尊严，使农民有稳定的收入，增加农民的福祉。

第三，采取合理有效的保障政策。泰国对农产品的质量严格把关，并组成了农产品专家讨论会，不允许其他国家在泰国土地上进行种植。泰国在法律中明确规定：耕种土地只能用来促进农业的进步，倘若做其他的使用，须经土地规划人员批准。这些规定让种植者拥有更多的使用土地。泰国政府不允许其他国家的人员在本国土地上种植作物，以此确保本国种植者的利益不被侵犯，也保证了泰国玉米价格的优势。另外，泰国积极实现农业的科、教、研、推"四位一体"，农业拥有较为完善的科研体系和推广体系。对农作物的品种选育、土壤调查、试验栽培、储藏、运输、消费习惯等各个农业经营环节都高度重视农业科技的研究、推广与应用，主要通过生产示范、培训班讲解等方式向农民介绍和普及农业科技知识。

第四，注重农产品品牌的出口宣传。泰国高度重视农产品品牌的建设与推广，全社会都积极参与泰国农产品在国际市场的品牌宣传活动，如每年泰国都要利用各种机会在国内外宣传推广茉莉香米。同时，泰国加强品牌的管理和维护，特别是农产品品牌出口促销委员会、外国贸易委员会在泰国农业品牌出口促进活动中发挥了重要作用。泰国的大米是该国的第一品牌，对于大米的纯度有明确规定，符合质量标准的颁发原产地绿色标志，以此来维护大米的品牌形象，保障大米品牌为国家带来利益。此外，商务部注册了专门的香米使用商标，规定符合出口标准的米商统一使用此商标对外出口。"泰国香米"的品牌建设，使泰国在国际稻米市场上获得了独特的竞争优势，有效地巩固了本国稻米产业的市场地位。

6.2 国内农产品区域品牌建设概况

国内农产品区域品牌建设，充分考虑了其地理要素禀赋、政策的扶持、科技研究及产业链的发展。本书选择有代表性的地区如福建、山东、河南、新疆的农产品区域品牌建设，通过对比研究，分析我国在农产品区域品牌建设方面的不足。

6.2.1 福建省安溪铁观音品牌建设概况

近年来，随着福建省农产品品牌发展战略的提出，福建全省农产品品牌数量多达30个，成为中国区域农产品品牌大省，并且区域农产品价值呈现出不断上升的趋势。福建省农产品总价值排名近年来一直稳定在全国第三、四名。特别是在区域农产品品牌建设及不断发展的过程中，福建的茶叶作为其农业文化遗产，在农产品品牌发展中具有举足轻重的地位。其中，安溪铁观音、福鼎白茶、福州茉莉花茶等已经成为国内家喻户晓的品牌，也成为福建省具有区域特色的名片。（见表6-4）。

表6-4　全国百强品牌中福建省区域品牌排名和价值

农产品区域品牌名称	2016年全国排名	2017年全国排名	2016年品牌价值（亿元）	2017年品牌价值（亿元）
安溪铁观音	1	—	60.04	—
福鼎白茶	4	41	33.8	35.53
福州茉莉花茶	7	56	28.52	30.36
武夷山大红袍	9	62	25.75	26.94
坦洋工夫	10	65	24.38	26.39

农产品区域品牌名称	2016年全国排名	2017年全国排名	2016年品牌价值（亿元）	2017年品牌价值（亿元）
白芽奇兰	13	72	23.34	24.86
连城红心地瓜干	—	40	—	35.92
永春芦柑	—	53	—	398

资料来源：根据中国农业品牌研究中心的研究数据整理所得。

这些农产品区域品牌之所以在全国百强企业中名列前茅，主要有以下几方面原因。

第一，具有得天独厚的自然地理条件及历史传承下来的工艺技术。福建省位于东南沿海地区，东南丘陵为其最主要的地形，加上当地适宜种植茶树的红壤，使得福建省在发展茶产业方面拥有先天优势，在自然资源和生态资源方面拥有丰富的天然储备。如果说优越的地理条件是茶产业区域品牌发展的基础，那么历史传承的工艺技术便是福建省发展茶产业区域品牌的重要因素，也是安溪铁观音具有自身独特性与竞争力的重要因素。

第二，区域品牌知名度的提高及产业带动能力的提升。由于安溪铁观音在2017年全国百强品牌中拔得头筹，同时也摘得茶业界首个中国驰名商标，加之安溪县被命名为"中国名茶之乡"，这使得安溪铁观音知名度迅速提升。以"安溪铁观音"为核心的相关产业迅速出现，如校企合作建立安溪茶学院、各类茶叶加工企业，为当地提供了更多的就业岗位，也增加了当地农户的收入，这凸显了"安溪铁观音"在教育、就业、技术传承与发展等方面的产业带动能力。安溪铁观音带动产业发展的影响见图6-5。

第三，建立了"一村一品"政策战略及政府对传承工艺的重视。近年来我国乡村品牌发展遵循"一村一品"的战略，这一战略有助于乡村经济的发展，对于提升乡村品牌效益，培养乡村发展新功能具有重要作用。福建省"一村一品"战略对区域品牌具有重要的影响，使得区域与品牌高度融合，成为当地特色。此外，"安溪铁观音"在制作方面全面回归传统，促进传统技艺的传承与创新，这对茶叶的种植、生产、加工及福建省整个茶产业的发展起到了重要的带动作用。

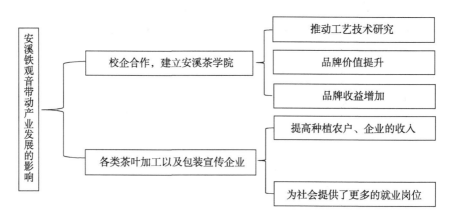

图6-5　安溪铁观音带动产业发展的影响

6.2.2　山东省寿光蔬菜品牌建设概况

山东寿光市作为我国最大的蔬菜生产基地，是国家唯一命名的"中国蔬菜之乡"。目前，寿光市已经发展成为全国蔬菜集散中心、价格形成中心和信息交流中心。寿光市获得"国家优质农产品"标志的品种达550多个。同时，荣获"国家地理标志产品"认定的寿光蔬菜产品达到18个。如今，冬季蔬菜大棚、大路菜生产基地和稀有菜生产基地等已经成为寿光颇具代表性的优秀个体品牌。不仅如此，还形成了斟灌五彩椒、文家韭菜、化龙胡萝卜、上口山药、稻田香瓜和芹菜、古城西红柿等特色农业产品"品牌"。目前，寿光文家被称为"中国韭菜第一乡"，寿光化龙被称为"中国胡萝卜第一镇"，等等。寿光市农产品区域品牌在全国享有盛名，主要具有以下特征。

第一，寿光市位于温带季风性半湿润气候区，拥有良好的自然条件。光照时间长，温度适宜，年平均气温与地面温度为12～15℃。寿光年降水量丰富，一年之中无霜期长达180多天，年平均湿度达到68%。寿光中南部土地肥沃，有较好的土地资源，随处可见的潮土属于有利于蔬菜种植的高产土壤。全市绝大多数农用地质量水平良好，这也成为寿光蔬菜种植规模化的天然有利因素（见图6-6）。此外，寿光市的耕地面积从改革开放初期的140多万亩增加到接近90 000公顷，占全市总面积的40%。蔬菜种植面积从20世纪80年代初的18万亩增加到30多万亩。寿光市为了提高耕地利用率，将农村原始种植耕地模式转变为以大棚用地为主的耕地利用形式。

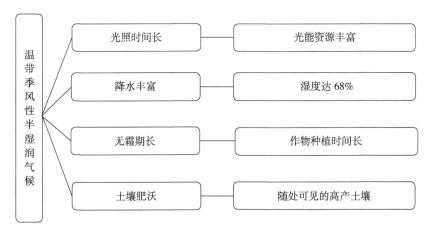

图6-6　寿光市先天有利条件

第二，全市进行规模种植，发展绿色生态有机蔬菜产业。寿光市实行区域化布局、规模化经营、专业化生产的农产品产业战略。寿光市原始种植耕地与大棚用地的蔬菜生产面积达到5.33多万公顷，蔬菜总产量达40多亿千克。此外，寿光市各乡镇、村落相连形成一个大型的蔬菜生产基地，使得集群规模不断扩张，并且积极构建"产销结合"的流通方式，使得基地与超市、企业、合作社建立战略友好关系，同时构建高端农业产业体系，生产绿色无污染的有机蔬菜，呈现"一村一品""一乡一品""一镇一品"的区域品牌格局。随着传统农业向现代农业的转变，上游生产链与下游生产链之间联系越来越密切。上游产业使蔬菜产业生产出更加优质的品种,营养高、绿色健康、成本低;下游产业提供了大量的市场信息,避免了产品滞压,解决了蔬菜产业的后顾之忧。寿光市上游产业与下游产业之间的作用机制见图6-7。

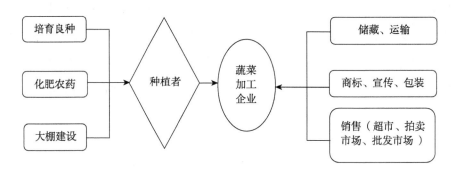

图6-7　上游产业与下游产业之间的作用机制

第三,不断拓宽市场,完善销售模式。寿光市政府大力推动优质农产品生产,扶持当地龙头企业,鼓励龙头企业带动其他名牌企业发展;大力扩建蔬菜批发市场,与全国各地的大型超市、蔬菜批发市场及国际上的"寿光蔬菜基地"保持良好的合作关系并建立长期战略合作关系;完善线上和线下的配送服务,开展直营直销的销售模式,拓宽了寿光蔬菜的销售范围,也使寿光蔬菜产业品牌知名度提升。寿光市政府政策支持的三部曲见图6-8。

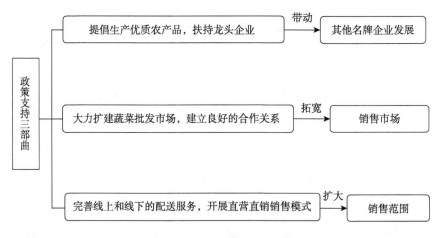

图6-8　寿光市政府支持三部曲

6.2.3　海南农产品区域品牌建设概况

海南作为中国最大的经济特区和唯一的热带岛屿省份，农业资源丰富。合理开发利用海南的区位和资源优势，对建设海南国际旅游岛，调整优化经济结构和转变发展方式，提高现代服务业水平，实现经济社会又好又快发展有着重要的意义。

近年来，为了扩大海南农产品市场美誉度，海南省农业厅面向社会公开征集海南省农产品公用品牌名称、品牌标语等。长期以来，对冠名"海南"的省级农产品公用品牌重点打造，如"海南芒果""海南莲雾""海南火龙果""海南咖啡""海南荔枝""海南黑猪"等十多个产品。其中，全产业链打造海南蜜瓜和海南芒果两个产品。此外，海南休闲农业也得到了长足发展，海口誉城9号休闲农庄、三亚尧诚驿站休闲农业观光园、文昌头苑红树林天统农家乐等31家休闲农业点发展良好，于2014年被海南省农业厅认定为海南省休闲农业示范点。海南农产品区域品牌市场美誉度的提高，与其资源禀赋、科技进步等有重要关系，表现为以下方面。

第一，海南省具有得天独厚的地理资源优势。海南省属于热带气候区，依托丰富的热带资源，其发展具有天然的独特性及强大的竞争力。该地区四面环海，受热带雨林气候和海洋性气候的影响，降水量丰富，日照时间长，全年无霜冻期，十分有利于物种繁殖，因此海南拥有大量的热带作物资源和水产及动物资源（见图6-9）。

第二，海南省产业集群具有坚实的产业起点。海南的农业产业体系涉及农、林、牧、副、渔、医药、盐业等领域，在海南岛东线、中线、西线都具有著名的休闲农业产业带。为充分发挥农产品公用品牌在打造海南热带特色高效农业王牌、促进农业结构优化、提升农业整体效益、推动传统农业向现代农业转型升级中的引领作用，海南省农业厅积极主动地整合现有资源，按照"政府引导、协会主体、企业主唱、专家评选、社会共享"的原则，以热带特色高效农业为依托，以海南名牌农产品认定为基础，以农产品质量安全为保障，以全面推进农业增效、农民增收为目标，着力打造一批具有海南本土特色的农业知名公用品牌，引领提升海南农产品的市场公认度、知名度、美誉度及影响力、竞争力，努力开创标准化生产、产业化运营、品牌化营销的热带特色高效农业新格局。

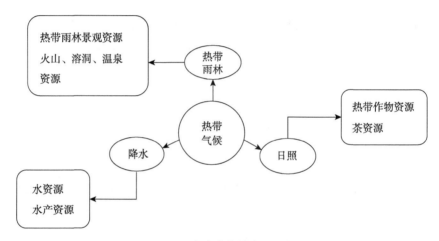

图6-9　海南省自然资源优势

此外，海南省还拥有一大批具有带动辐射功能的农业龙头企业和农业产业园区。目前，海南全省已有龙头企业200多家，文明生态村13 988个，休闲农业园区136家，形成了海南休闲农业集群的均衡布局。海南省各区域著名休闲农业带见表6-5。

表6-5　海南省各区域著名休闲农业带

区域	著名休闲农业带
海南岛东线	文昌市东郊椰林景区,文昌鸡养殖示范园,石斑鱼养殖示范区,琼海市博鳌农业园区,万宁市兴隆热带植物园、药用植物园
海南岛中线	屯昌县橡胶产业园、保亭县槟榔农业园、陵水县现代农业示范园
海南岛西线	澄迈县福山咖啡基地、儋州市热带植物园、北部湾渔场、乐东县莺歌晒盐场

第三，加大宣传力度，着力开拓市场。海南省部分市县成立了农业协会和相关行业协会，吸纳政府专管部门、科教机构、服务机构、金融机构和从业企业等有利因素，促进"政府+科技+金融+企业+互联网"格局的构建。与此同时，政府发挥其主导作用，建立农业发展管理机构，制定促进农产品区域品牌发展的政策措施，调整农业产业结构，提高农民收入，推动农产品品牌的建设。

第四，技术进步是农产品品牌集群化成长的核心动力，新产品的开发、专利的发明都是海南农业集群化成长的重要影响因素，也是推动农产品区域品牌发展的主要力量。随着科学技术的高速发展，以信息技术和网络技术为代表的高新技术的发展对海南省农业发展产生了深刻的影响。科学技术的进步是推动农产品区域品牌发展的力量，新产品开发技术、新农作物的开发、新兴体验方式都对海南农产品区域品牌的发展产生至关重要的影响。

6.2.4　新疆吐鲁番葡萄品牌建设概况

随着农业供给侧结构性改革的推进及产销衔接的不断深化，近年来，新疆地区农产品市场开拓工作已进入"走上去"向中高端市场发展的新阶段。在农产品市场竞争日趋激烈的背景下，新疆全区农产品市场开拓工作正不断适应新形势和新变化，努力在农产品市场激烈竞争中拔得头筹，赢得先机。

吐鲁番作为全国著名的葡萄产区，是全国优质无核白葡萄的重点产区。自改革开放以来，吐鲁番地区被列为国家重点葡萄生产基地，吐鲁番地区葡萄产业得到了突飞猛进的发展，年平均新增葡萄种植面积933.34公顷[2]（1.4万亩）。该地葡萄主栽品种为无核白，占总面积的90%，是一个以加工制干为主的多用途品种，不仅可以鲜食，还可以制汁、制罐、酿酒。其他主要是马奶子、喀什哈尔、吐鲁番红葡萄、全球红、淑女红等300个品种。吐鲁番作为全国著名的葡萄产区,葡萄产业集群的发展与其自然地理条件、完善的产业链、龙头企业的带动有很大的关系,具体为以下几方面。

第一,具有农产品发展的得天独厚的自然地理条件。吐鲁番地区光热条件优越,是我国太阳能光热资源最丰富的地区之一,属于典型的温带大陆性气候。太阳辐射强,阳光热辐射量每平方厘米达卡,全区高达万亿卡。吐鲁番干燥少雨,日照充足,全年日照时数小时,年积温度以上且无霜期达天。气温高、日照时间长、昼夜温差大这些条件特别适合葡萄的生长,且大大提高了葡萄的含糖量。此外,盆地的地下水资源十分丰富,其水源主要是天山的冰雪融水。冰雪融水在通过地下粗沙砾层向盆地渗透过程中,被火焰山所截,在山间沟谷呈泉涌出地面,并汇成河流。河流两岸田园苍翠,风景秀丽,盛产瓜果,最著名的水果品种是无核白葡萄和哈密瓜。位于吐鲁番市东北10千米处的葡萄沟久负盛名。该沟长7千米,宽约2千米,横穿火陷山,东西两侧山峰对峙,沟内泉水欢流,果树丛生,清爽宜人。一行行参天白杨郁郁葱葱,满沟满坡的葡萄架层层叠叠,一串串葡萄如翡翠般嫩绿,晶莹夺目,被誉为"中国的绿珍珠"。

第二,具有依托市场的完善产业链。市场是生产者和消费者的桥梁,任何产业要想做大做强,必须充分认识到市场的作用。农民根据市场需求组织生产,企业根据消费者需求进行加工,最终加快区域经济发展和专业化生产。近年来,为了提高吐鲁番地区葡萄的商品率及市场占有率,增加农民收入,吐鲁番地区加大了鲜食葡萄储藏保鲜及葡萄干精深加工力度。现地区鲜食储藏保鲜已初具规模,据不完全统计,已建成结构大小不同的保鲜库70座以上;在葡萄干深加工方面,已建成集过筛、脱梗、清洗、上油、定量包装等一条龙生产线。葡萄干的质量标准和卫生标准不断提高,花色品种不断增加,目前进入市场的葡萄干品种已达10多个。随着市场经济的不断深入,在葡萄产区已经逐步建成葡萄干产业、葡萄酒产业及葡萄种植农民合作社，其使用企业品牌与区域品牌双品牌，市场认可度高，产业的发展前景好，品牌价值高。

第三，依托龙头企业带动产业集群的发展。由龙头企业连接农户和市场，形成"企业或公司基地农户"的组织模式。在实践中，这种模式以公司或企业为主导，以生产经营实力强的葡萄企业、葡萄收购经营企业、葡萄生产加工经营企业为龙头企业，重点围绕葡萄的生产、加工、销售等，与生产基地和农户实行有机联合，实行公司企业联基地，基地联农户，以进行专业化合作。

6.3 国内外农产品区域品牌创建模式的比较及启示

6.3.1 国内外农产品区域品牌创建模式的比较

通过对以上国内外农产品区域品牌建设的论述，对其进行比较分析，发现以下几个共同点。

第一，区域地理资源条件，即气候、降水、日照时长、无霜期、土壤条件等，是农产品区域品牌建设的基础，也是其发展区域品牌的先决条件。

第二，各地所形成的区域品牌，具有当地的特色，是别具一格的、难以模仿的，并通过其独特的产业所带来的市场优势、创新优势，从而产生竞争优势，使农产品区域品牌立于不败之地。

第三，政府在区域品牌建设中起到了重要作用。各地政府通过政策支持、信贷支持、科研支持、财政支持等，将政府与企业、科研机构、农户有机联系在一起，为区域品牌的建设提供了资金、技术，发挥着有效的监督与服务功能。同时，对龙头企业及其他中小品牌企业的扶持，促进区域品牌的提升，带来其品牌价值量的提升。

　　与此同时，国内外农产品区域品牌所具有的不同点有以下几个方面。

　　第一，关联产业集群。不同国家农产品区域品牌建设与关联产业集群有关。如荷兰花卉产业形成了从研究培育、种植生产、经营管理、推向市场到产品运输的完整产业链；美国葡萄酒产业形成了集葡萄种植、葡萄收割、葡萄酒酿造、广告宣传及销售于一体的服务型农产品产业区，拓宽了产业链；我国的新疆吐鲁番葡萄产业围绕葡萄的生产、加工、销售，形成完整的产业链条，同时发展葡萄酒产业、葡萄干产业，促进葡萄产业发展的多元化，建设完整的农产品区域品牌。

　　第二，种植业产业集群。纵观国内外不同国家农产品品牌建设情况可知，区域品牌的创建都是在本区域种植业优势特色产业集群范围内择优选项，从而打造完整的产业链条，做大做强区域种植业优势特色产业集群。如美国玉米产区、澳大利亚小麦产区、我国山东寿光蔬菜产区。美国玉米产业主要集中在美国中部地区，同时又在以玉米种植业为中心的基础上，发展畜牧业等相关产业；澳大利亚小麦产业拥有大量的小麦产区，种植面积大，同时政府政策、农业科技都围绕小麦的生长销售等来建立，推动小麦产业的发展，同时通过轮耕、休耕等方式，保证小麦种植土壤的肥沃；我国山东寿光蔬菜产区作为"中国蔬菜之乡"，除了传统的种植外，还发展了大棚蔬菜，拓宽了蔬菜种植面积，同时通过产销结合等方式保证了蔬菜的出口，对蔬菜的发展具有良好的推动作用。

　　第三，历史文化产业集群。以上这些不同国家农产品品牌都是以一定区域内规模等级不同的文化企业及与其运作和发展有关的各种机构为行为主体，形成特定地理范围内多个产业相互融合的共生体，构成这一区域特色的文化产业竞争优势，如我国福建"安溪铁观音"、泰国香米产业。福建"安溪铁观音"除了本身所具有的天然优势以外，其历史传承的文化工艺便是其最核心的动力，也是农产品区域品牌所具有的最独特之处。通过历史文化工艺的代代相传，不仅可以促进当地文化的传承与发展，更重要的是其所形成的农产品区域品牌所具有的不可复制性、不可替代性增加了品牌产品的附加值，推动了品牌产品价值的不断提高。泰国香米拥有5000年的种植历史，种植经验丰富并且农产品区域品牌也具有历史文化底蕴，加之政府政策的支持、科研的推广和企业对品牌的重视，使得泰国香米在世界大米的品种之中占有一席之地。各区域农产品品牌的不同点见表6-6。

表6-6 各区域农产品品牌不同点

区域品牌	产业性质	组织模式	核心动力	培植模式	集群形式
荷兰花卉产业	现代农业	科研机构+政府服务+核心企业	完善的产业链	产业链扩展型	关联产业集群
澳大利亚小麦产业	传统农业	农场经营+生态农业+公共服务+政府扶持	政府的大力扶持	政策推动型	种植业产业集群
美国玉米产业	传统农业	科研机构+立法机构+政府支持+合作社	政府的大力扶持	政策推动型	种植业产业集群
美国葡萄酒产业	现代农业	科研机构+立法机构+政府支持+合作社	完善的产业链	产业链扩展型	关联产业集群
泰国香米产业	传统农业	政府支持+品牌企业+科研体系	科技进步	科研推广型	历史文化产业集群
中国福建安溪铁观音	传统农业	政府扶持+品牌企业	传统工艺技术	历史传承型	历史文化产业集群
中国山东寿光蔬菜产业	传统农业	科研机构+政府扶持+企业+农户	专业市场	市场拉动型	种植业产业集群
中国海南休闲农业	现代农业	政府支持+企业主动+科研机构	制度创新	新型关联产业型	关联产业集群
中国新疆吐鲁番葡萄产业	传统农业	龙头企业+合作社	完善的产业链	产业链扩展型	关联产业集群

6.3.2 国内外农产品区域品牌创建模式的启示

通过对比分析国内外知名农产品品牌的发展经验，探索出一条适合中国各地（省、市、自治区）农产品区域品牌的发展之路，具有重要的现实意义，对打造农产品品牌有一定启示作用。

第一，农产品区域品牌发展既要立足自然环境，又要依靠市场拉动。自然环境是区域农产品品牌发展的基础，但并不能完全依靠其自然地理因素，要想推动区域品牌知名度的提升，以及拉动品牌价值的提升，市场是最为关键和最为主要的场所。只有依托自然环境，农产品区域品牌发展才能减少成本，提高经济效益，实现持续发展，而市场需求的增加才是农业集群产业扩大的重要因素，也是农产品区域品牌提高知名度的重要因素。

第二，加强制度创新和科技创新是推动农产品区域品牌发展的动力。政府要建立引导和鼓励企业创建品牌的政策环境和制度环境，着力营造良好的品牌培育环境；各地区应完善科研和技术推广体系；在农产品区域品牌的建设过程中，地方政府要通过制度创新，加强和落实对科技创新的扶持和引导；同时，地方政府要将农产品区域品牌建设列入区域经济发展总体规划中去，可在统一规划的基础上，加强引导，增强主动，通过孕育一批、扶持一批、奖励一批、强化一批、提升一批等措施，最终建立起极具影响力的集群品牌。

第三，积极培育龙头企业，发挥其带动作用。要依托当地的资源及历史文化等优势条件形成独特的农产品区域品牌，就需要龙头企业的强力带动。一方面，通过龙头企业的带动作用，农产品区域品牌的建设可以采取更新技术、改善管理、整合产业链等措施，使其更加符合市场发展的要求；另一方面，随着龙头企业的做大、做强及龙头企业对市场的不断开拓，农产品区域品牌的影响力也会不断增强。

第四，提高企业品牌认识，严格执行市场准入制度。农产品区域品牌是信任度、美誉度和知名度三者的结合体。培养农产品区域品牌，也不只是一个企业或一个政府的责任，而应是该区域产业群下所有企业、农户的责任。因此，为了打造农产品区域品牌，应严格执行市场准入制度，严把农产品市场关，这样才能维护农产品区域品牌的声誉和良好形象。

6.4　本章小结

本章通过对国内外不同国家（地区）农产品区域品牌建设在地理要素禀赋（自然因素和人文因素）、政策的扶持、科技研究及产业链的发展等方面的深入剖析和对比研究，总结出以下几点结论。

第一，地理要素禀赋是农业集群形成的决定力量，是农产品区域品牌建设的根本动力。

第二，政策扶持是农业集群产生的保障力量，是农产品区域品牌建设的核心动力。

第三，科技进步是农业集群发展的支撑力量，是农产品区域品牌建设的强大推动力。

第四，产业链发展是农业集群完善的后备力量，是农产品区域品牌建设的最终动力。

同时，在国内外农产品区域品牌建设的对比研究中，总结了我国在农产品区域品牌建设方面的不足：一是过度开发自然生态资源，造成了生态破坏及环境污染等自然环境问题；二是农产品区域品牌的发展意识不够，农户的主要目的是获得经济效益，大多数农户、合作社将创造利益放在首位，忽视了区域品牌的建设和发展；而且已有区域品牌较为杂乱，使得消费者在市场上难以区分品牌的价值，识别品牌的质量；三是农业产业链条较短及组织化程度低。在我国农产品区域品牌中，高科技含量、高市场容量、高产品质量、高附加值的农产品区域品牌少，农业产业链短。

第7章 个案研究：山西省农产品区域品牌建设研究

随着农业供给侧结构性改革，山西省特色农产品在资源优势的基础上，充分挖掘其功能特性，打造了一批在国内国际市场上有竞争力和影响力的功能农产品品牌，培育出了一批省内知名、区域畅销的功能农产品品牌，这对山西省农业经济的发展具有重要的现实意义。此外，伴随着农业产业集群的发展，很多农业产业集群的整体优势得到了充分发挥，使其农业集群品牌在市场上得到了一定的发展。目前，山西省发展较快的农业集群及集群品牌见表7-1，这些农业集群和农业集群品牌的发展大大促进了地方农业经济的繁荣。

表7-1 山西省发展较快的农产品区域品牌

地区	农业集群品牌	内容
山西省沁源县	沁州黄小米	小米产业集群，品种优良，小米色泽金黄饱满纯正，营养价值高。优质品牌如"谷之爱"小米营养粉
山西省忻州市代县胡峪乡望台村	白水杏	白水杏产业集群，加工杏干形成产业链条，"白水杏采摘节""杏福来敲门"
山西省忻州市代县峪口乡双徐村	代州酱菜	酱菜产业集群，注册商标"雁门紫塞"、风味萝卜干、雁门八宝菜
山西省吕梁市吉县	吉县苹果	苹果产业集群，品牌有"中国苹果之乡""名牌产品""中华名果"等
山西省晋中市平遥县	平遥牛肉	牛肉产业集群，肉质肥美，营养价值高品牌有，"冠云"，企业有"513"重点龙头企业

资料来源：个人整理所得。

7.1　山西省农产品区域品牌建设概况

山西省是我国的农业大省,近几年以集群为支撑的山西农业在我国占据重要地位。山西省农业资源丰富,特色农产品数量多、质量优,契合消费结构升级和人们追求营养性、安全性、功能性、多样化的市场需求。山西农业以特取胜,不乏历史悠久的传统名品,也不乏后起的市场新宠。在产业集群的浪潮中,越来越多的山西特产,已经从提篮叫卖走上规模经营的道路。农业集群发展到一定程度就会形成农业集群品牌,这些农业集群品牌往往具有强大的创新优势和竞争优势。除了传统的平遥牛肉、太谷饼、灵丘苦荞、吕梁沙棘以外,目前山西发展较快的农产品区域品牌包括沱源香代县小米集群品牌、沱源香代县大米集群品牌、沁州黄小米集群品牌、胡峪乡白水杏集群品牌、代州"雁门紫塞"酱菜集群品牌等。由此可见,山西农产品品牌建设是保持山西特色农产品具有市场竞争活力的有效措施。

7.1.1　"沁州黄"小米品牌建设

"沁州黄"是清朝康熙年间大学士吴琠在朝任保和殿大学士兼刑部尚书时,将檀山产的"糙谷米"献给康熙帝品尝,帝悦,问:"此米产自何地?"吴答:"沁州。"皇帝便赐封为"沁州黄",并封为贡米。此后康熙帝钦定檀山凤凰台下"九亩三分"地种檀山"沁州黄"以供皇宫食用。从此"沁州黄贡米"沿袭历代,名扬天下。"沁州黄"不仅色泽金黄,味道香美,而且营养丰富。经过有关部门鉴定,它所含的脂肪、蛋白质、可溶性糖类的含量,都高于普通小米。它与山东金乡县的马坡金谷小米、章丘市的龙山小米、河北蔚县的桃花米并称为我国"四大名米",因而常常在北京农业展览馆展出，也曾在广州交易会和印度国际博览会上赢得好评。

山西沁县所产的"沁州黄"小米是山西著名特产，这种小米产于太行、太岳两山之间，即东经112°与北纬36°之间的世界谷物黄金产业带——沁县。这里空气新鲜、土壤肥沃、水质优良、无公害无污染，平均海拔在1000米以上，形成了日照充足、昼夜温差大的气候特点。这片神奇的土地孕育了世界上独一无二的沁州黄小米，其色泽金黄、香味浓郁，富含人体所必需的蛋白质、脂肪、可溶性糖、氨基酸和钙、铁、锌、硒等45种微量元素，营养指标高出其他小米30%以上，具有丰富的营养，素有"金珠子"之美称。

多年来，一直专注于研发沁县小米产品的山西沁州黄小米（集团）有限公司以沁州黄小米为基础产业，以小米深加工产品为主导方向，是集良种繁育、基地建设、科研开发、农产品加工、市场营销于一体的省级农业产业化经营重点企业。2000年以来，山西沁州黄小米（集团）有限公司依托雄厚的资源优势，研究制定了一整套科学规范的沁州黄小米种植、管理、收购、加工标准体系，严格执行绿色、有机种植标准，实行360°全程监控管理，沁州黄小米产量逐年增加，小米品质稳定提升。

2010年，山西沁州黄小米（集团）有限公司为了把小米产业链拉长，与中国农业大学食品科学与营养工程学院合作，研发出了小米深加工新产品——谷之爱小米营养粉。该产品以优质的沁县小米为主要原料，在保证沁州黄小米特有营养成分的基础上，根据婴幼儿不同生长发育阶段的需求，在营养成分方面强化了DHA+AA和钙、铁、锌微量元素、维生素，有助于婴幼儿视力、智力和骨骼、牙齿的发育，增强造血功能，改善食欲；还有助消化、调养脾胃、增强免疫力的作用。2011年，在北京举办的小米营养与婴幼儿食品研讨会上，谷之爱小米营养粉被专家赞誉为"全价植物营养"，是婴幼儿理想的辅助食品。

谷之爱营养小米粉成功推向全国市场后，山西沁州黄小米（集团）有限公司进一步加大了高科技产品的研发力度，深度开发沁州黄小米系列产品，如年产 $2×10^4$ 吨的谷之爱中老年营养小米粉、$1×10^4$ 吨的谷之爱孕产妇营养小米粉的研发和生产，同时开发了年产 $2×10^4$ 吨的沁州黄小米加工包装生产线、$1×10^4$ 吨的沁州黄米醋、$1×10^4$ 吨的饲料加工厂建设项目，还在进行年产 $4×10^4$ 吨的谷子秸秆草粉颗粒饲料加工项目和米糠油的研制，以及 20 万亩 （1 亩=0.067 公顷 ^{2}）沁州黄小米绿色标准化基地建设等九项重点工程，总投资约 5.5 亿元，真正把山西沁州黄小米（集团）有限公司打造成为全国有机食品生产加工示范企业，跨入全国农业产业化龙头企业行列，实现了转型跨越发展的宏伟目标。推介会上，温秀伟表示，今后山西沁州黄小米（集团）有限公司将致力于把"谷之爱"商标精心打造成"山西省著名商标"和"中国驰名商标"，把"谷之爱"婴幼儿营养小米粉打造成山西省名牌产品和全国名牌农产品，让品牌引领山西沁州黄小米（集团）有限公司跨越发展，让"谷之爱"营养小米粉为广大消费者带来健康快乐。

近年来，山西产业结构的转型及优化对当地的经济发展具有极大的推动作用。产品市场销路良好，具有较好的经济效益、社会效益和生态效益，通过示范种植可促进当地农业结构调整，带动区域经济发展，提供就业机会，增加农民收入，具有明显的社会效益。同时，可以辐射周边地区，起到示范引路作用。通过种植合同、销售合同和技术培训等形式，使企业的发展与农业生产的发展相互依赖、相互促进，保证了企业对原料品质无污染、绿色的高标准要求，极大地提升了农业产业化水平，有助于区域内农业生产向市场化、专业化、组织化方向提升和发展。这在另一方面促进了农民增产增收，社会效益显著，标志着沁州黄小米的品牌建设已经逐步完善。

7.1.2 胡峪乡望台村白水杏品牌建设

胡峪乡望台村地处黄土丘陵区，土壤适宜种植干鲜果经济林，其杏树资源丰富，从20世纪90年代开始，依托退耕还林及半坡地域水土优势，大力发展了以白水杏为主的干鲜水果经济林。盛产的白水杏个头大、色泽黄、口感好、品质佳。全乡现拥有干鲜果经济林基地上万亩，其中白水杏种植面积5000亩。

近年来，由于白水杏数量与集群规模不断扩张，白水杏的品种结构不断优化升级，目前，该产业集群已进入成熟发展阶段。代县双虎白水杏专业合作社提出要依托白水杏资源优势，发展白水杏高科技深加工项目，彻底解决当地杏产品储藏销售难题，给全县及周边县、市种植户带来巨大经济效益。该项目建设规模为年加工白水杏鲜果100吨，年产杏干10吨，杏仁3吨。本项目建设期定为一年，从2016年7月开始至2017年6月完成，2017年6月前建成投产，当年完全达到设计生产能力。正常年份年销售收入100万元，年利润总额27.22万元，还可安排劳动力30多人，解决劳动就业问题并带动区域经济发展。通过连续两年举办"杏福来敲门"白水杏采摘节，将过去烂在地里的白水杏变成了增收致富的"金蛋蛋"。一些能人大户通过扩建烤房，加工杏干，形成了产业链条。项目本着以市场为导向，以科技为指导，以效益为中心，以质量求生存，以互利为基础，发展规模化经营，占领省内市场，打入国内市场。项目建设按照国家有关规定，聘请有关专家、教授定期对当地农民和工人进行白水杏种植和加工等相关技术培训，使产品加工技术达到国家先进水平。

白水杏农产品品牌项目的提出符合国家的产业政策及省、市、县农业的中长期发展规划，可以解决影响代县及周边地区白水杏生产持续发展的关键问题，白水杏农产品品牌技术设计合理可行，生产工艺流程先进，经济效益明显，社会效益巨大。白水杏加工走市场牵龙头、龙头带基地、基地连农户的产业化发展道路，是行之有效的。项目的实施可充分利用当地自然资源，延长白水杏产业链条，增加农产品附加值，实现农民增收，同时带动地方相关产业发展，具有较大的经济、社会、生态效益。

白水杏作为当地有代表性的农产品品牌，其定位准确，科技含量高，生产工艺先进成熟，市场前景广阔。白水杏品牌建设符合国家的产业政策、扶贫政策和现代工业的发展方向及当地的实际情况，是农业增产、农民增收、企业增效的利国利民的好项目。可见，胡峪乡望台村白水杏品牌建设已经初见成效。

7.1.3　代州"雁门紫塞"酱菜品牌建设

中国历史文化名城代县历史悠久，从战国时期的赵武灵王起，历代都把此地看作战略要塞，守兵烽屯，蔬菜就地调剂成为历史传统，由此形成了代县人讲究吃菜的民风民俗，故人称"菜代州"。有记载，蔬菜瓜果腌制可以追溯到3100年之前，蔬菜腌制成为古州代县最古老、最基本和最普遍的蔬菜储藏及加工方式之一。

中国历史文化名城古州代县是中原农耕文明和草原游牧文明的交汇融合之地，是边塞文化发祥地，境内自然风光绮丽秀美，人文景观独具魅力，雁门文化厚重宏博。闻名三晋的"菜代州"就发源于此，那一道道别样风味的精美小菜，曾伴随古郡人民走过历史风云和兴衰变迁，远在异乡的人们每每念及的都是对家乡小菜的情思。至今，古州人仍一直秉承着粗粮细作、小菜精作的优良传统，那种精心打理生活的品质已成为雁门紫塞特有的文化积淀和精神韵味。

代州酱菜花样齐全、用料考究、制作精细、工艺严谨，成品须经两年、三十二道工序完成。其风味特点是酱香浓郁、焦黄透亮、酸咸适口、耐嚼耐品,食后回味无穷。根据所使用根、茎、叶、果部位的不同相应有不同的选料要求,而且在不同季节腌制不同的品种。代州酱菜共有100多种,最常见的品种有杂什锦、倒腌萝卜、酸菜、老咸菜、酱瓜条、酸辣豆角、蒜茄子、糖醋地梨、辣椒酱等。

代县旭源土特产加工厂在保持代州小菜独特的传统风味的基础上,熟练地运用传统腌制经验,不断创新工艺水平,进一步开发具有代县民俗文化内涵的佐餐、休闲小菜,对于挖掘和弘扬代县地方传统饮食文化,开发壮大"菜代州"这一古老的品牌有着极其重要的意义。目前注册商标为"雁门紫塞"。

代县旭东土特产专业合作社始建于2007年,地处五台山北麓,滹沱河南岸,风景秀丽,人杰地灵,拥有1000亩优质蔬菜种植园,主导产品为经国家注册的"雁门紫塞"牌代州风味酱菜,是国家质量安全(QS)认证企业。2010年开始建设年产5000吨酱制品系列产品的项目,并以峪口乡为中心发展5万亩无公害蔬菜种植基地。2010年被代县人民政府列为农业产业化龙头企业,2011年被列为忻州市重点项目。企业的发展目标是建设一座集约化的集无公害农产品种植、深加工、研发为一体的现代食品园区。

此外,合作社通过塑造地方特色农产品品牌,实施统一的种植生产技术规程,提供统一的技术、管理、储备等服务,提高了酱腌菜的生产加工能力,扩大了蔬菜种植的合同基地面积,增加了农民收入,提高了生产基地的标准化水平、农户的种植技术水平,以及合作社对基地农户的社会化服务水平,有力地促进了农业经济结构调整。

多年来,代州积极发挥专业合作社的作用,如2011年合作社参加了省农产品交易博览会,2012年参加了中国(西安)杂粮博览会。2012年,合作社实现利润37万元,并于2012年年底被评定为山西省农民专业合作社示范社。2013年,合作社的"代州酱菜制作技艺"被列为山西省非物质文化保护遗产,同年代县旭东土特产专业合作社被评定为省级示范社。2014年,

"代州酱菜制作技艺"被列入山西省非物质文化保护遗产名录，2016年项目带头人被评选为忻州市杰出乡土人才。这标志着代州"雁门紫塞"酱菜品牌建设已趋于成熟。

7.1.4 吉县苹果品牌建设

吉县地处吕梁山南端，属黄土高原残垣沟壑区，森林覆盖率为45%。境内温差大，海拔高，光照足，无污染，无霜期较长，加之土层深厚，节令分明，非常适宜苹果生长和营养物质的积累，具有得天独厚的苹果生产优势，是全国苹果最佳优产区之一，被农业部确定为全国无公害苹果示范县、名特优农产品苹果生产基地和山西省优势农产品苹果生产基地。20世纪80年代以来，睿智、勤劳的吉县人民依托地域优势，发挥科技力量，大力发展苹果主导产业，取得了辉煌的成就，走出了一条富民强县的经济发展新路子，全县苹果栽植面积达26万亩，农民人均3亩以上，为全国之最。

在推介会上，吉县果业有限责任公司董事长刘文学介绍说，吉县所产苹果果形端正、色泽红润、皮薄质脆、香甜爽口，且富含维生素C、维生素B，以及钙、钾、铁等营养物质，尤其是含有人体必需的8种氨基酸中的7种，具有补心益气、生津止渴、健脾和胃、利咽润肺等功效。

2010年以来，吉县果业有限责任公司成功开发生产了富硒、富锌、SOD三种功能保健苹果，使苹果的内在品质得到了新的提升。凭借着优良的品质，吉县苹果曾荣获首届全国农博会苹果类唯一金奖、第三届中国农博会"名牌产品"称号、北京果品鉴评会头名金奖和国家农业部绿色食品认证、中国食品市场名优品牌认证、国家农业标准化示范基地产品等国家级15项认证、22项大奖。2009年9月，吉县被中国果蔬产业品牌论坛组委会命名为"中国苹果之乡"；随之，吉县苹果被中国果品流通协会评比命名为"中华名果"，畅销国内各大中城市，并出口泰国、马来西亚、俄罗斯等国家。目前，以苹果储藏营销为主要业务的吉县果业公司是一家股份制企业，注册资本725万元，占地面积12 000平方米，建设面积8000平方米；建有现代化苹果气调库10 000吨，有合作生产基地28万亩，年销售苹果16×10⁴吨，营销网点主要分布在广西、海南、广东等地，正在致力于开拓北京市场。刘文学说，吉县果业有限责任公司充分借助山西特色农产品北京展销周的对接交流平台，不断扩大吉县苹果的知名度和美誉度，让吉县苹果真正走出大山，为全国人民送上一份甜蜜和幸福。这标志着吉县苹果的品牌建设已取得了丰硕成果。

7.1.5　平遥"冠云"牛肉品牌建设

平遥县地处山西省晋中盆地，县境东南部群山环绕，中部丘陵起伏，西北部为广袤的平川，占地比例分别为44.2%、14.4%、44%。最高点孟山，海拔1962米；最低处境内汾河下游两岸，海拔735米。东南山区森林茂密，草坡遍布，宜林宜牧。平遥水草丰茂、气候温和、优越的自然条件为平遥牛提供了很好的生长条件。牧草中间夹杂着苜蓿、马莲、艾蒿、五灵子、苇芦、葛紫花、地丁、小茴香、地骨皮等药食兼用的植物，赋予了平遥牛肉高蛋白、低脂肪的特质，使其具有了补肾益心、养胃健脾的功效，并以色鲜、味美、肉嫩、香浓的优良品质为人们所称道。

吃冠云牛肉，赏平遥古城！风味独特、久负盛名的平遥牛肉早在明清时代就已远销亚洲各国。史载，清末慈禧太后途经平遥，享用平遥牛肉后，闻其香而提神，品其味而解困，故将其定为皇宫贡品。中华人民共和国成立后，1956年在全国食品名产展览会上，平遥牛肉被评为"全国名产"，随着著名歌唱家郭兰英的一曲"夸土产"，平遥牛肉更是驰名华夏，香飘海内外。

平遥牛肉，传统制作工艺独特，从生牛屠宰、生肉切割、腌渍、锅煮等操作程序和操作方法，到用盐、用水以至加工的节气时令等都十分讲究。依靠当地特有的土壤、水质、气候、人文等因素，采用考究的选料方法和独特的腌、卤、炖、焖制作工艺，所产牛肉，色泽红润，肉质鲜嫩，肥而不腻，瘦而不柴，醇香可口，营养丰富，具有养胃健脾之功效。经国家肉类食品质检中心检测，平遥牛肉钙、铁、锌含量分别比一般牛肉高127%、59%、32%，维生素均比一般牛肉高。

平遥牛肉集团是生产经营中国驰名商标"冠云"牌平遥牛肉的中华老字号企业，平遥牛肉传统加工技艺被列入国家级非物质文化遗产名录。晋商的祖先就是携带着拌着盐的牛肉，走过了几百个春秋，走出了一条诚信发展之路。平遥牛肉集团作为农业产业化国家重点龙头企业和全省农产品加工"513"重点龙头企业，建立了集饲草种植、种牛繁育、肉牛育肥、屠宰分割、精细加工和文化旅游为一体的新型产业，平遥牛肉集团打造的"冠云"品牌走上了一条绿色、安全发展之路。近年来，平遥牛肉集团学习先进的管理经验，确立了具有冠云牌牛肉特色的"科学管理四要素"（整洁、节约、安全、文化），以此作为企业行为准则，冠云品牌由此走上了一条文化发展之路，同时标志着平遥牛肉的品牌建设已趋于成熟。

7.2　山西省农产品区域品牌效应影响因素研究

据上文关于山西省农产品的品牌建设现状介绍，了解到有代表性的农产品区域品牌，如"沱源香代县小米""胡峪乡望台村白水杏"、代州"雁门紫塞"酱菜等的发展状况。但是目前研究尚未回答以下问题：有无品牌到底是否真的影响经济效益？如果有影响，这种影响是否是显著性影响，其传导机制如何？如果无影响，原因何在？鉴于此，本节以在人文社会经济条件等因素方面相对具有可比性的吉县苹果为例，利用对生产者入户调研数据，实证分析吉县苹果区域品牌是否提升了生产者的经济效益，并分析其作用机理，以期在回答上述问题的同时，为生产者及其他利益相关者提供借鉴。

7.2.1 问卷设计与发放

1.问卷设计

在问卷设计过程中，根据相关参考文献、研究成果，对本次所调查的四个影响因素进行有针对性的题项设置。为了检验问卷是否可靠，事先进行了预调查。预调查共发放问卷50份，调查对象为与吉县苹果种植、生产、销售有关的企业或个人，回收问卷49份，有效问卷为47份，有效率为96%。问卷回收后，对问卷结果进行效度和信度检验，检验结果表明，本次调查问卷的设计结构合理，数据真实有效，问卷可以采用。由于调查问卷主要围绕吉县苹果品牌的影响因素展开，因此，将问卷结构设计成三个部分：第一部分为前言部分，表明发放问卷的意图，以此打消被调查者的顾虑，使问卷调查能够顺利进行；第二部分为被调查者基本信息，主要涉及被调查者的性别、年龄、职业、年收入、学历等基本信息，同时还针对被调查者是否了解吉县苹果品牌进行题设；第三部分为问卷的主体部分，根据影响吉县苹果品牌效应发挥的4个主要因素，即区域自然资源与生态环境因素、营销推广因素、社会组织与公共服务因素、农业产业化因素，分别设置多个题项，调查这四个因素对吉县苹果品牌效应产生的影响。此外，本次调查问卷设置了两个题项用于调查吉县苹果品牌效应，以此说明因变量的情况，因变量为"吉县苹果品牌效应"。

本书采用李克特量表的结构设置，将本次调查问卷的选项设置为五级，即非常不同意、不同意、一般、同意、非常同意，用以表明被调查者对于题项所体现的内容是否赞同；同时，对每一个选项进行打分，即"非常不

同意"计"1分","不同意"计"2分","一般"计"3分","同意"计
"4分","非常同意"计"5分",分值越高,表明被调查者对题项内容的
同意程度越高。

2.问卷发放

问卷设计完成后,通过预调研,较好地检验了问卷设计结构的合理性
和数据收集的有效性。因此,可以进入正式调研阶段。由于问卷发放难度
较大,组成了3个调查小组,每个小组3人,分别到各地进行实地调研。本
次调研共计发放问卷300份,回收281份,其中有效问卷为270份,有效率
为96%。

7.2.2 描述性统计分析

问卷发放并回收之后,根据问卷调查所获得的信息,对问卷结果进行
描述性统计分析,各统计量的结果见表7-2。

表7-2 各统计量统计结果

统计名称	统计特征	样本量(人)	总量(人)	占比(%)
性别	男	146	270	54.07
	女	124	270	45.93
年龄	25岁以下	89	270	32.96
	25~35岁	158	270	58.52
	35~45岁	8	270	2.96
	45岁以上	15	270	5.56
职业	学生	88	270	32.59
	企业人员	139	270	548
	行政与事业单位人员	20	270	7.41
	个体工商户	23	270	8.52

续表

统计名称	统计特征	样本量(人)	总量(人)	占比(%)
学历	硕士及以上	56	270	20.74
	本科	189	270	70.00
	专科及以下	25	270	9.26
年收入	5万元以下	122	270	45.19
	5万~10万元	94	270	34.81
	10万~15万元	28	270	10.37
	15万元以上	26	270	9.63
是否了解吉县苹果品牌	了解	225	270	83.33
	不了解	45	270	16.67

从描述性统计结果看，男性被调查者146人，占54.07%；女性被调查者124人，占45.93%，基本持平，说明本次调查较为合理，基本考虑到男性和女性对吉县苹果品牌的感受。从年龄看，被调查者基本处于35岁以下，其中25~35岁被调查者居多，达到158人，占58.52%；35岁以上被调查者则仅有23人。从职业看，企业人员、学生较多，而个体工商户占比最少，行政与事业单位人员居中，可以较为客观地反映政府与社会组织在吉县苹果品牌效应发挥中的作用。从学历看，本科学历的被调查者最多，达到189人，占70%；而专科及以下学历被调查者最少，仅为25人。从年收入看，被调查者的年收入基本处于10万元以下，人数为216人，占总量的80%。从是否了解吉县苹果品牌的调查结果看，了解的为225人，占83.33%；而不了解的为45人，占16.67%，说明对于吉县苹果品牌，超过80%的人有所了解，进而说明吉县苹果品牌的知名度较高，相关企业和政府部门、社会组织的宣传效果较好。

7.2.3　信度与效度检验

1.效度检验

效度检验主要包括结构效度和内容效度的检验,用来判断问卷设计的有效性。在内容效度方面,本书所用问卷是在充分阅读相关研究成果、文献等之后设计完成的;在结构效度方面,本书采用KMO检验和Bartlett球形检验。Bartlett球形检验的标准以是否小于0.01为条件,如果Bartlett值小于0.01,则问卷结构合理,可以进行因子分析。而KMO值的检验标准可以参考以下界定标准:若KMO值小于0.5,则表示非常不适合进行因子分析;若KMO值介于0.5～0.7,则表示勉强可以进行因子分析;若KMO值介于0.7～0.9,则适合进行因子分析;若KMO值大于0.9,则表示非常适合进行因子分析。根据KMO检验和Bartlett球形检验的标准,本书对问卷进行效度检验。检验之前,先对问卷题项进行校正,采用项总计相关性方法(CITC)进行分析,分析结果见表7-3。

表7-3　项总计统计量

题项	校正的项总计相关性	多相关性的平方	Cronbach's Alpha值
Q1:生态环境	0.602	0.756	0.944
Q2:自然环境	0.596	0.787	0.944
Q3:会展活动	0.734	0.710	0.942
Q4:品牌相关企业升级	0.798	0.732	0.941
Q5:品牌规模	0.748	0.624	0.942
Q6:品牌直营店销售	0.712	0.562	0.942
Q7:广告宣传活动	0.790	0.718	0.939
Q8:电子商务推动	0.777	0.686	0.940
Q9:政府与社会组织宣传	0.809	0.749	0.939
Q10:政府优惠政策	0.781	0.748	0.940

续表

题项	校正的项总计相关性	多相关性的平方	Cronbach's Alpha 值
Q11:政府培训工作	0.797	0.744	0.940
Q12:政府安全保障	0.817	0.767	0.939
Q13:一体化经营	0.767	0.693	0.940
Q14:生产基础设施健全	0.752	0.724	0.941
Q15:历史悠久	0.778	0.685	0.940
Q16:涉农企业销售	0.770	0.731	0.940
Q17:种植主体数量多	0.794	0.753	0.940
Q18:品牌知名度	0.774	0.707	0.941
Q19:购买意愿	0.708	0.778	0.947

由表 7-3 可知，经过 CITC 方法的校正，项的总计相关性均大于 0.5，说明问卷题项设置较为合理，没有必要对题项进行纠正。校正题项分析完成后，分别对自变量和因变量进行效度检验。

（1）自变量的效度检验。

对 Q1—Q17 共 17 个题项进行 KMO 检验和 Bartlett 球形检验，结果见表 7-4。由表 7-4 可知，KMO 值为 0.943，超过标准值 0.9，说明问卷效度较高，非常适合进行因子分析；同时，Bartlett 球形检验的显著性水平为 0.000，小于标准值 0.05，所以同样可以表明问卷的效度较合理，可以进行因子分析。

表 7-4　KMO 检验和 Bartlett 球形检验结果

Q 取样足够度的 Kaiser-Meyer-Olkin 度量		0.943
Bartlett 的球形度检验	近似卡方	3280.225
	df	135
	sig	0.000

随后，本书采用主成分分析法对其进行因子分析，通过提取特征值大于 1 的因子进行因子分析。具体步骤如下。第一步，分析特征值大于 1 的因子与

方差贡献率，结果见表7-5。一般而言，各因子的方差贡献率在50%以上，说明问卷结构效度较为合理，达到标准水平。经过检验，本书所用问卷的累积方差贡献率为84.133%，超过50%的标准，说明本问卷结构效度较好。

表7-5 特征值大于1及方差贡献率

成分	初始特征值			提取平方和载入			旋转平方和载入		
	合计	方差的(%)	累积(%)	合计	方差的(%)	累计(%)	合计	方差的(%)	累计(%)
1	8.265	48.621	48.621	8.265	48.621	48.621	5.848	34.398	34.398
2	2.401	14.122	62.743	2.401	14.122	62.743	3.260	19.176	53.574
3	849	10.879	73.622	849	10.879	73.622	2.685	15.793	69.367
4	787	10.511	84.133	787	10.511	84.133	2.510	14.766	84.133

第二步，采用旋转因子分析，可以得到4个因子，分析结果见表7-6。

表7-6 旋转成分矩阵

题项	成分			
	1	2	3	4
Q11:政府培训工作	0.744			
Q10:政府优惠政策	0.738			
Q12:政府安全保障	0.707			
Q9:政府与社会组织宣传	0.666			
Q14:生产基础设施健全		0.771		
Q15:历史悠久		0.681		
Q13:一体化经营		0.645		
Q16:涉农企业销售		0.623		
Q17:种植主体数量多		0.610		
Q2:自然环境			0.906	
Q1:生态环境			0.891	
Q6:品牌直营店销售				0.702
Q3:会展活动				0.653

续表

题项	成分			
	1	2	3	4
Q5:品牌规模				0.624
Q7:广告宣传活动				0.615
Q8:电子商务推动				0.552
Q4:品牌相关企业升级				0.531

提取方法:主成分;旋转法:具有Kaiser标准化的正交旋转法,旋转在22次迭代后收敛

根据旋转因子矩阵的结果,本书得到4个因子。因此,依次对每个因子进行命名,将因子1命名为"社会组织与公共服务因素",包括的题项有Q11(政府培训工作)、Q10(政府优惠政策)、Q12(政府安全保障)、Q9(政府与社会组织宣传);将因子2命名为"农业产业化因素",包括的题项有Q14(生产基础设施健全)、Q15(历史悠久)、Q13(一体化经营)、Q16(涉农企业销售)、Q17(种植主体数量多);将因子3命名为"区域自然资源与生态环境因素",包括的题项有Q2(自然环境)、Q1(生态环境);将因子4命名为"营销推广因素",包括的题项有Q6(品牌直营店销售)、Q3(会展活动)、Q5(品牌规模)、Q7(广告宣传活动)、Q8(电子商务推动)、Q4(品牌相关企业升级)。

(2)因变量的效度检验。

因变量涉及两个题项,即Q18和Q19。对其进行KMO检验和Bartlett球形检验。检验结果见表7-7。

表7-7 KMO检验和Bartlett球形检验结果

取样足够度的Kaiser-Meyer-Olkin度量			0.808
Bartlett的球形度检验		近似卡方	0.225
		df	1
		sig	0.000

由表7-7可知,因变量KMO检验值为0.808,说明适合进行因子分析;同样,Bartlett球形检验的显著性水平为0.000,表明问卷的效度较好,可以进行因子分析。通过主成分分析法,提取特征值大于1的因子,结果见表7-8。

表7-8　特征值大于1及方差贡献率

成分	初始特征值			提取平方和载入		
	合计	方差的(%)	累积(%)	合计	方差的(%)	累计(%)
1	176	58.814	58.814	176	58.814	58.814
2	0.824	4186	100.00			

通过表7-8可知,特征值大于1的因子解释了58.814%的信息,高于50%的标准,说明关于因变量的问卷设计结构效度较好;同时,经过旋转分析之后,获得1个因子,并将该因子命名为"吉县苹果品牌效应"。综合自变量和因变量的效度检验结果可知,此问卷的有效性较好,可以进一步对问卷进行分析。

2.信度检验

信度检验的目的是考察问卷的可靠性程度和准确度。因此,本书将采用Cronbach's Alpha系数法进行检验。通常情况下,若Cronbach's Alpha系数值大于0.7,则表明问卷的可靠性较好,准确度较高。根据相关数据,对其进行信度检验,结果见表7-9。

表7-9　Cronbach's Alpha 系数值

Cronbach's Alpha	基于标准化项的Cronbach's Alpha	项数
0.946	0.947	19

根据表7-9,Cronbach's Alpha 系数值为0.946,基于标准化项的Cronbach's Alpha系数值为0.947,均大于标准水平0.7,说明针对农产品区域品牌的问卷设计的可靠性和准确性较高,问卷的信度较好,研究结果真实可靠。

7.2.4　吉县苹果品牌效应影响因素相关性分析

通过效度和信度检验，本书的问卷设计结构合理，可靠程度较高。为了研究吉县苹果品牌效应影响因素与因变量之间的关系，本书采用相关性分析，研究自变量与因变量之间的相关性程度，具体采用 Pearson 相关系数分析法进行。采用 Pearson 相关系数分析法时，应当按照相应的标准进行衡量，即当 Pearson 相关系数值为 1 时，表示变量之间完全相关；当 Pearson 相关系数值为 0 时，表示变量之间完全不相关；当系数值介于 0~0.5 时，表示变量之间相关度一般；介于 0.5~0.8 时，表示变量之间显著相关；数值介于 0.8~1 时，表示变量之间高度相关。本书所研究的是自变量"社会组织与公共服务因素""农业产业化因素""区域自然资源与生态环境因素""营销推广因素"与因变量"吉县苹果品牌效应"之间的关系，采用 Pearson 相关系数分析法，结果见表 7-10。

表 7-10　各个影响因素与"吉县苹果品牌效应"之间的相关分析

影响因素	相关分析	吉县苹果品牌效应
社会组织与公共服务因素	Pearson 相关性	0.736**
	显著性（双侧）	0.000
	N	270
农业产业化因素	Pearson 相关性	0.798**
	显著性（双侧）	0.000
	N	270
区域自然资源与生态环境因素	Pearson 相关性	0.730**
	显著性（双侧）	0.000
	N	270

影响因素	相关分析	吉县苹果品牌效应
营销推广因素	Pearson 相关性	0.761**
	显著性（双侧）	0.000
	N	270

注：**表示在0.01水平（双侧）上显著相关。

根据Pearson相关系数的衡量标准可知，4个影响因素与因变量之间的Pearson相关系数值均处于0.5~0.8之间，说明社会组织与公共服务因素、农业产业化因素、区域自然资源与生态环境因素、营销推广因素均与农产品-区域品牌效应具有显著的相关性，且方向为正；同时，结果显示农业产业化因素对吉县苹果品牌效应的影响最大，之后是营销推广因素和社会组织与公共服务因素，最后是区域自然资源与生态环境因素。

7.2.5 吉县苹果品牌效应影响因素回归分析

通过相关性分析可知，4个影响因素对于农产品区域品牌效应的发挥具有显著正向关系。为了确定各个影响因素在其中发挥的作用，本书借助回归分析，对影响因素的强度进行进一步分析。首先，需要确定解释变量和被解释变量。在本书中，被解释变量为"吉县苹果品牌效应"，用 Y 表示；解释变量为社会组织与公共服务因素（$F1$）、农业产业化因素（$F2$）、区域自然资源与生态环境因素（$F3$）、营销推广因素（$F4$）。根据相关关系，本书假设被解释变量与解释变量之间具有线性关系，用公式表示为

$$Y = \beta + \alpha_1 F1 + \alpha_2 F2 + \alpha_3 F3 + \alpha_4 F4 \qquad (7-1)$$

回归分析的结果见表7-11。

表7-11　回归分析结果

名称	非标准化系数		标准系数		
模型	B	标准误差		t	Sig
（常量）	9.80E-17	0.068		0.000	000
社会组织与公共服务因素	0.137	0.068	0.137	0.534	0.004
农业产业化因素	0.299	0.068	0.299	451	0.000
区域自然资源与生态环境因素	0.129	0.068	0.129	892	0.000
营销推广因素	0.160	0.068	0.160	0.883	0.001

由表7-11可知，社会组织与公共服务因素、农业产业化因素、区域自然资源与生态环境因素、营销推广因素的 t 值分别为0.534、451、892、0.883、211，且显著性水平小于0.05，说明 t 检验符合标准。同时，由表7-12模型回归结果可知，该模型的 R^2 和调整之后的 R^2 分别为0.632和0.631，说明该模型可以解释60%以上的变动，拟合度较好；而 F 检验值为105.688，显著性水平为0.000，说明该模型通过检验，4个影响因素可以进入回归方程。

表7-12　回归数据分析结果

模型	R	R^2	调整 R 方	标准估计的误差	更改统计量				
					R^2 更改	F 更改	df1	df2	Sig.F 更改
1	0.678	0.632	0.613	0.99354104	0.632	105.688	4	207	0.000

根据上述回归结果，可以获得吉县苹果品牌效应的回归模型，即：

$$Y = 9.803E - 17 + 0.137F1 + 0.299F2 + 0.129F3 + 0.160F4 \quad (7-2)$$

由回归方程可知，农业产业化因素对吉县苹果品牌效应的作用最大，其次是营销推广因素，再次是社会组织与公共服务因素，最后是区域自然资源与生态环境因素。

7.3　山西省农产品区域品牌效应研究

根据上文对农产品区域品牌效应影响因素模型的建立分析，可知品牌是一种识别标志、一种精神象征、一种价值理念，是品质优异的核心体现。培育和创造品牌的过程也是不断创新的过程，自身有了创新的力量，才能在激烈的竞争中立于不败之地，继而巩固原有品牌资产，多层次、多角度、多领域地参与竞争，也是一种商业名称和标志。品牌的作用在于辨识生产者或销售者的产品和服务，达到与竞争者相互区分的目的。

农产品区域品牌效应具体表现在四个方面。

一是保护生产经营者的权益。农产品申请注册商标，商标申请人拥有该商标的专用权，受到法律的保护，当其他经济主体有侵权行为发生时，企业可追究其法律责任。国内商标实行"在先申请"的原则，在先注册的商标就享有优先权，这样可以有效地规避商标侵权与被抢注的风险。

二是有效的推销手段。通过注册商标，可以创立品牌，有助于农产品的分销及批发，开拓全国市场，抢占更大的市场份额。品牌能够使企业有重点地进行宣传，简单而集中，效果明显，印象深刻，有利于使消费者熟悉产品，激发购买欲望。品牌效应是产品经营者因使用品牌而享有的利益。一个企业要取得良好的品牌效应既要加大品牌的宣传广度、深度，更要以提高产品质量、加强产品服务为其根本目标。

三是为消费者提供识别商品的分辨器。品牌的建立是由于竞争的需要，用来识别某个销售者的产品或服务的。农产品品牌建设要实行差异化生产战略，不仅要对农产品设计差异化，使产品更新颖独特，规格、形状区别于同类产品，而且要将农产品的目标消费者群体进行差异化区分，抓住消费者的心理特征，塑造符合其爱好的品牌。一般来说，农产品品牌应具有鲜明的个性特征，品牌的图案、文字等与竞争对手得有所区别，代表本企业的特点。同时，互不相同的品牌各自代表着不同形式、不同质量、不同服务的产品，可为消费者或用户购买、使用提供借鉴。通过品牌，人们可以认知产品，并依据品牌选择购买。

四是树立企业形象。品牌是农产品得以长期发展的招牌，是农产品的灵魂。政府、企业、农户、收购商都要有这种品牌观念。政府要大力出台支持农产品品牌的政策法规，从宏观上引导农产品走品牌路线。农产品品牌常附有文化、情感内涵，同时，也有一定的信任度、追随度，企业可以为品牌制定较高的价格，获得较高的利润。所以，品牌增加了产品的附加值。企业产品的质量、企业的规模、等级与市场影响力都会从品牌中体现出来，知名品牌体现了企业的强势实力及企业优质的产品和服务。

对于农产品区域品牌而言，品牌效应主要体现在通过农产品区域品牌，使外界了解区域农产品的质量特征、区域文化与区域农业产业特点，使该地区农产品有别于其他地区同类农产品，便于生产者和消费者识别并做出反应，从而使农产品的销售量得到提高，区域的知名度与形象得以提升。本节将从四个方面对农产品区域品牌效应进行分析。

7.3.1 关联产业带动效应

农产品区域品牌的关联产业带动效应是指农产品区域品牌既对主导产业的发展有带动作用，同时也会对关联产业及其服务业产生带动作用。农产品区域品牌知名度和美誉度的不断提升，不但使区域农产品的外部需求量不断攀升，同时也促进了农业产业集聚规模的不断扩大，市场专业化程度不断提高。市场需求的扩大及农产品的规模化生产需要强大的关联产业予以支持，这种需要对农业产业的服务机构产生了强大的向心力，拉动了农业纵向、横向关联产业的发展。

此外，农业区域内的物流、仓储、运输、包装、加工业集聚并兴起，不仅使区域内的生产经营者可以共享信息、基础设施等资源，降低生产成本，同时促进了区域专业化的分工与协作水平，使农业产业化体系得到高效运转。同时，农产品区域品牌所依托的区域特色农产品，大部分是经过国家认证和消费者认可的知名度高、品质优良的农产品，与当地的民族文化、风土人情及历史文化紧密相连，蕴藏着丰富的人文内涵，为休闲农业与乡村旅游提供丰富的资源，也为旅游业开发提供了广阔的空间。因此，农产品区域品牌的发展，将会带动和促进当地旅游产业的发展。

7.3.2　价值共享效应

农产品区域品牌的收益共享效应是指农产品区域品牌所带来的收益可以被区域品牌的使用者共同分享。由于农产品区域品牌具有公共物品特性，即不具有排他性和竞争性，因此，品牌使用者可以在不支付费用的情况下使用农产品区域品牌，这就使品牌所创造的利益和价值可以被品牌使用者所共享，即农产品区域品牌的价值共享效应。需要说明的是，农产品区域品牌具有区域性，即只有区域内的品牌使用者才能进行价值共享，分享农产品区域品牌所带来的好处，而区域外的企业无权享有。农产品区域品牌自创建之日起，就被认为质量好、知名度高、声誉好，因此，农产品区域品牌为品牌使用者所创造的收益是相当可观的，品牌使用者通过品牌宣传与传播，进一步放大品牌效用，增加品牌相关产品的销量，使品牌创造更多的价值，为更多的品牌使用者共享。同时，品牌使用者又不需要为使用品牌而支付费用或者仅支付较少费用，因此，品牌所创造的价值几乎可以全部被共享。随着经济的进一步发展、消费者观念的转变和消费水平的提高，越来越多的消费者注重产品的品牌形象，愿意为品牌而支付更多的价款。因此，品牌的价值共享效应将对品牌使用者产生更大的作用。

农产品区域品牌的公共物品性使得区域品牌使用范围内的经营者可以有权无代价地使用,并可享受品牌带来的收益,同时不会减少或影响其他品牌使用者的使用。农产品区域品牌是区域内的无形资产,拥有广泛知名度、美誉度和市场影响力,能够促进农产品销售量的扩大,同时,能够赋予农产品溢价功能,扩大农产品的市场份额,从而为农产品区域品牌的使用者带来丰厚的利润回报。作为一种无形资产和公共物品,农产品区域品牌在市场上表现出来的获利效果,可以使区域内的生产者、管理者无偿受益。随着消费者消费层次的不断提高,品牌意识的不断增强,农产品区域品牌的收益共享效应表现出快速而广泛的增值效果。

7.3.3 品牌带动效应

农产品区域品牌的带动效应是指农产品区域品牌不仅带动主体产业的发展,同时还能带动相关产业发展。通常,农产品区域品牌对于品牌主体产业具有良好的促进作用,能够为主体产业的发展提供支持。伴随着农产品区域品牌的集聚效应,主体产业的规模逐步扩大,市场要承接规模扩大的主体产业,必须使与主体产业有关的纵向和横向产业得到发展空间,由此,农产品区域品牌带动了相关产业的发展,进一步扩大了品牌的影响力,增强了品牌的竞争力,使主体产业和相关产业产生协同效应,实现共同发展。

第一,从品牌带动纵向产业看,农产品区域品牌推动主体产业的发展,并进一步要求与主体相关的配送、加工、销售等产业得到发展,使得产业呈纵向一体化发展趋势,推动产业的纵向发展。

第二,从品牌带动横向产业看,农产品区域品牌促进主体产业内各个企业相互合作竞争,通过横向并购、合并等方式,实现产业内企业规模的扩大,将面临生存压力、资不抵债的企业通过并购、合并等方式,使其转危为安，这种品牌带动效应有助于市场淘汰落后企业，实现市场企业的高质量发展。

此外，从农产品区域品牌的价值看，农产品区域品牌所体现出来的历史文化底蕴、高品质高质量、高知名度和美誉度，将对区域旅游产业产生带动效应，促进农产品生产区域的经济发展，进一步提升农产品区域品牌的价值，使其进入一个良性发展循环，带动农户、农民合作社、企业、产业与区域的共同发展。

7.3.4　经济发展推动效应

一个成功的农产品区域品牌，会对区域农业经济发展产生推动作用。农产品区域品牌包含了"区域"与"品牌"两大要素，其中，"区域"体现特色资源优势，"品牌"体现产业声誉和市场影响力。因此，它对区域的直接效应就是提高地区知名度与声誉，并将区域内的资源优势、产业优势等信息传递给区域外的要素资源，对其他经济资源产生集聚效应，从而引导和形成区域品牌农产品的产业群体和供应链条，有效保障、提升区域品牌农产品的质量与信誉，提升农产品的销量。

随着要素集聚规模的不断扩大，产业集群规模的不断壮大及相关产业的发展，区域农业产业规模不断扩大，地区农业经济得以不断发展。农产品区域品牌能够不断优化配置生产要素，促进农业生产要素的有效利用，促使农业增长方式由粗放增长向集约增长转变，促进农业经济持续、稳定发展。同时，农产品区域品牌是农产品"名优特"的象征，随着消费者消费能力的不断提高，其需求也将更加旺盛。而农产品区域品牌所标志的农产品，一般都具有区域根植性，即区域内特有资源孕育出的农产品，需求交叉弹性较低，可替代性弱，因此，市场发展潜力巨大。随着农产品区域品牌知名度不断提升，各种要素的汇聚融通会逐渐形成及扩大农业产业集群规模，形成以农产品区域品牌为纽带的特色经济。农产品区域品牌市场辐射力和渗透力的不断增强，将促进农业及其关联产业进一步发展，从而带动一个地区农业经济的发展。

7.4 本章小结

本章通过对山西省农产品区域品牌建设概况、效应影响因素模型、关联产业带动效应、价值共享效应、品牌带动效应、农业经济发展推动效应进行分析与研究，进一步丰富了山西省农产品区域品牌建设的研究。

第8章　农产品区域品牌提升的路径及对策

基于前面的研究，本章主要从政府、行业协会、农产品龙头企业、供应链等方面有针对性地提出农产品区域品牌提升路径的有效对策。

8.1　提升农产品区域品牌的路径

8.1.1　农产品区域品牌建设的多元供给制度分析

从我国农村公共物品供给制度的历史演进来看，大约经历了几个时期。民国时期，中国农村公共物品供给制度萌芽的出现是与当时所倡导的乡村自治运动紧密联系在一起的。中华人民共和国国成立初期（1949—1957年），国家面临社会重建、恢复生产等问题，而当时广大农村普遍存在生产工具和牲畜极度缺乏、劳动力绝对过剩问题。因而，政府为帮助缺少基本生产资料的农户维持正常生产和生活，倡导分散弱小的个体农户自愿组合，走农村合作化道路，作为基层组织形式的农村合作社成为当时农村公共物品供给的组织形式。人民公社时期（1958—1978年），农村社会组织的基本形式是以乡为单位的人民公社，其实行政社合一的体制，是一个集体经济组织。这一时期的农村公共物品供给形成了制度内供给和制度外供给两种渠道，并且制度外供给在农村公共物品供给中发挥主导作用。家庭联产承包责任制时期（1978年至今），中国农村家庭联产承包责任制取代人民公社制度，使高度集中的计划经济体制被逐步打破，农村经济向商品化和市场化方向不断推进，农户获得了土地承包的经营自主权。因而，家庭联产承包责任制在很大程度上改变了我国农业生产的激励结构，使农民完成了由生产者向生产经营者的转变。但这一制度安排在极大地促进农村私人产品供给的同时，却削弱了集体经济的力量，造成了农村公共物品的萎缩（张军，蒋维，1998）。

由农村公共物品供给制度的历史变迁来看，这种自上而下的供给决策机制导致的低效率是农村公共物品供给陷入困境的根源所在。农村公共物品的有效供给必须依靠制度的重构，其关键在于农民需求表达基础之上的多元主体的引入。作为一种准公共品，农产品区域品牌可遵循多元治理理论，构建一个地方政府、企业、行业协会和产业集群等多元主体，通过融资、竞争、监管和绩效评价的多元运行机制的共同作用来实现农民公共物品的有效充足供给。

当前，农业主要矛盾已由总量不足转变为结构性矛盾，解决这一矛盾，重在推进农业供给侧结构性改革，增强农业综合生产能力，提高农业综合效益和竞争力。农村农产品的供给问题与农民增收、农业发展和农村稳定密切相关。当前，我国供给方式存在诸如供给财政短缺、供给机制不科学、供给质量不高等多种弊病，严重制约着农村社会的发展。除此之外，我国农产品生产一方面呈现总量充足、温饱型农产品已经实现供需平衡甚至供过于求的局面，另一方面又面临需求升级、高端消费市场空间扩大但有效供给跟不上的挑战。为此，需要从以下两方面着手实现农产品的有效供给。

第一，增加优质农产品有效供给，促进农民增收。要以市场需求为导向，更多地注重质量，注重结构，注重满足消费升级需求，树立大农业、大食物观念，以规模经营为核心，以科技为支撑，以服务为保障，优化区域布局，优化生产体系，优化产品结构，优化农产品品质品牌，推动粮经饲统筹、农林牧渔结合、种养加一体、一二三产业融合发展。

第二，树立科学的供给原则，优化农村公共产品供给主体。明确各相关主体职责，拓宽农村公共产品筹资渠道，完善供给监督机制等多种手段推进农村公共产品供给方式的转换。加快推进农产品区域品牌建设，是优化产品和产业结构、推进农业提质增效的有效手段，是转变农业发展方式、加快建设现代农业的一项紧迫任务，也是推进农业供给侧结构性改革的一个重要突破口（见图8-1）。

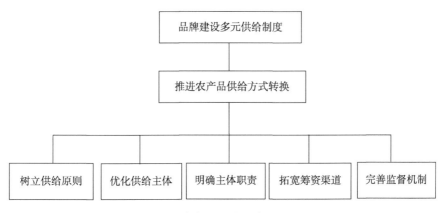

图8-1　实现农产品区域品牌多元供给制度

我国农村公共物品供给制度的基本运行机制是：广大消费者通过需求沟通机制，将购买偏好与选择反映给政府、企业、协会及农业合作社等供给主体；供给主体通过竞争机制，利用多元投融资渠道提供区域公共品牌；同时，伴随有监管机制，保证多元供给体系良性运作，通过评价机制测定消费者的满意度（张鹏，2009）。政府、中介组织和集群内企业之间，以"政府主导地位，协会中介作用，企业参与者角色"的分工模式进行品牌建设。"看不见的手"与"看得见的手"共同发挥作用。企业起资源配置作用，政府在引导产业发展、营造集群环境、提供公共服务方面发挥主要影响。政府的推动作用要通过相关中介组织才能有效发挥（熊爱华和汪波，2007）（见图8-2）。

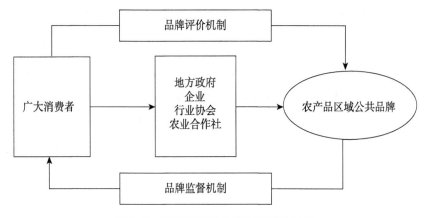

图8-2　农产品区域品牌多元供给制度

总之，农产品区域品牌多元供给制度创新的关键是政府由管制型政府向服务型政府转变，捋顺政府和市场、政府和社会之间的关系，建立和完善与之相适应的制度规范。

8.1.2　农产品区域品牌建设优化框架

农产品区域品牌建设的框架，可以从地方治理、经济层次、协会自治和社会规范四个方面构建。本书认为，随着农业的快速发展，产业集群规模不断扩张，农产品区域品牌建设离不开多元化主体的共同推动，需要政府、协会及中介机构、集群供应链企业进行协同创新推进。具体包括以下方面。

首先，政府要制定符合区域农产品未来发展的战略规划，通过财政政策加大对农产品区域品牌发展的资金投入力度，同时出台一系列优惠扶持政策，安排专项扶持资金，扶持农产品区域品牌，完善各种财政补贴措施和金融机构对农产品发展的信贷支持，有效推动农产品品牌企业的不断发展。此外，需要进行制度创新，以发展区域品牌战略为契机，引导和促进品牌的等级分类和分层发展，培育新型农产品区域品牌的主体和组织，如农村合作社、家庭农场、大型品牌龙头企业等；建立产业支持、区域品牌管理支持、新型农业主体培育支持及区域品牌发展的品牌支撑体系。

其次，协会及中介机构需建立知识、信息、品牌共享平台，促进"产学研"合作，集群供应链要进行组织创新，建立品牌导向的集群价值链，以市场为导向，以科技为指导，以效益为中心，以质量求生存，以互利为基础，发展规模化经营，拓宽市场。要重视加强区域品牌与企业品牌、地方市场、产业集群之间的互动，加强区域品牌管理与扩张。

最后，集群供应链体系的创建。为了促进农业经营和竞争的创新发展，摆脱处于国际价值链低端的低成本驱动困境，推动区域农业转型升级，要通过管理机制、互动与延伸机制、创新及激励机制等，推进战略协同、服务协同、组织协同及品牌管理协同，不断完善特色农产品区域品牌的集群供应链产品生产体系、品质保障体系、配送体系和品牌推介体系。农产品区域品牌培育模式见图8-3。

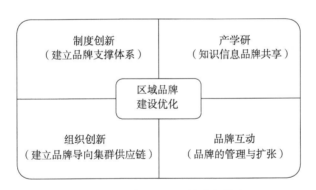

图8-3　农产品区域品牌培育模式

8.2　提升农产品区域品牌的对策建议

建立彰显区域特色、突出产品品质的农产品品牌是现代农业发展的关键。然而，从农产品区域品牌建设现状来看，主要存在农产品区域品牌效应弱、农产品区域品牌竞争力低下等问题,解决这些问题的核心和关键是强化农产品区域品牌的协作效应。因此,要注重加快推进政府、协会及龙头企业、集群供应链企业等多元主体的协同发展,实现区域品牌建设的战略协同、服务协同、组织协同及品牌管理协同,提升农村中小企业的隐性品牌竞争力。为此,提出以下政策建议。

8.2.1 充分发挥地方政府在农产品区域品牌建设中的作用

政府在农产品区域品牌建设中发挥着主导作用,是农业集群发展的外在推力,它能够为农产品区域品牌建设提供良好的基础设施,创造合理的制度环境,进行相应的政策扶持,并发挥有效的监督与服务功能。

在农产品区域品牌建设的过程中,政府能够发挥积极的作用,表现为:一方面加强农业基础设施建设,另一方面对农业发展给予补贴政策和信贷支持,为农产品区域品牌的建设提供有效的设施保障和资金保障。因此,在农产品区域品牌建设的过程中,应强化政府的角色,发挥政府的作用。

1. "战略制定者"角色——进行品牌建设顶层设计

针对品牌建设进行精准定位,引进专业的咨询团队,按照当地产业发展的特色和优势,深挖产品内涵,制订发展的目标、线路图、任务、保障措施等,做好顶层设计,出具整体的发展规划作为品牌创建的纲领性指导文件。具体做法如下。

一是政府要加强"区域公用品牌"建设的统筹力度,制定产品的国家标准,提高产品的标准化生产水平。例如,大兴制定了国家标准《地理标志产品——大兴西瓜(GB/T 22446—2008)》,规定:大兴西瓜必须满足瓜皮厚度不超2厘米,重量不超过8公斤,中心含糖量不低于11%,边缘含糖量不低于8%等条件,属于京欣一号、京欣二号、京欣三号和航兴一号等品种,且产于大兴的西瓜才能叫大兴西瓜。有了标准,大兴西瓜的名誉度和销售价格远远高于其他西瓜且供不应求。坚持用品牌引领特色产品，培育打造农产品品牌。用创新发展功能农业，用品牌引领特色产品，把农产品品牌形象扎根各地，推向全国，助推农业转型跨越发展。

二是地方政府一定要加强对"区域公用品牌"的培育和保护。农产品品牌只有走进消费者心里，得到消费者认可，才具备价值，产品才会有市场竞争力。如四川资中"血橙"，采摘时间经过农林局、"血橙"协会等机构的科学分析，由资中县政府亲自发文，明确资中"血橙"的采摘时间，确保优质的资中血橙到达消费者手中能有最完美的品质。同时，政府要加强市场管理，对假冒或不按照管理规范进入市场的农产品要进行打假，有力地确保市场的规范程度。

三是政府要进行区域公用品牌的统一宣传推广和维护。如武乡小米在网络销售过程中，前期提出"小米加步枪，好米在武乡"的宣传口号，借助耳熟能详的宣传语快速提升武乡小米的知名度；后期提炼出"大米看五常，小米看武乡"的宣传口号，为提高武乡小米的网络市场占有率奠定了良好的基础。

2. "统筹者"的角色——开展地标品牌授权工作

地方政府要扮演好"统筹者"的角色，具体工作如下。

一是各地政府要做好大电商数据统计工作，特别是当地特色农产品电商销售情况和企业自主品牌的市场份额等方面的摸底工作。如国家电子商务进农村综合示范县建设要求地方政府对辖区内农产品的生产和销售情况（包括生产面积或产量、上市时间、质量和技术水平、传统销售渠道及比例、自主品牌拥有情况、农产品电商企业）进行全面摸底，形成基本情况档案或报告。此外，地方政府要对农民专业合作经济组织申报无公害农产品、绿色食品和有机食品，注册农产品商标，开展农产品质量和环境认证，推行标准化生产，各地、各有关部门要给予大力支持。对取得法人资格、具备申报项目条件的农民专业合作经济组织，在争取国家基本建设投资、技术转让和技术改造等项目时，要与国有企事业单位同等对待。对有一定规模和出口创汇能力的农民专业合作经济组织，可申报自营进出口经营权。鼓励和支持农民专业合作经济组织与国内外超市、物流配送中心、农产品加工企业建立销售网络，通过订单形式建立契约关系。省内各农贸市场应优先安排农民专业合作经济组织自产自销摊位。

二是根据摸底情况，把企业及产品梳理清楚，对于信誉好、质量佳、手续全的企业重点支持。通过统一建立质量追溯体系，承载产品全过程信息的"二维码"由政府部门统一标准，统一监管，统一备案，增加追溯信息的公信力。如大兴区农委在建立"大兴区农产品质量安全追溯平台"过程中，建立了有效适用的制度，细化、落实并明确了监管、生产和流通各方的责任；建立了生产标准化制度、区域品牌准入制度、产地产品准出制度、产品质量追溯流程制度、监管决策数字化制度；同时，建立了农产品质量安全责任主体备案系统，实时有效的数据分析基本满足了大兴区农业主管部门的监管工作需要。通过农产品生产流通责任主体唯一标志，有效支撑问题产品责任主体的快速追查，解决了农产品全过程追溯的难题，由此倒逼农产品生产者自发关注农产品质量安全以保障自身利益。

三是对地标产品的标志重新进行设计和统一规划，符合要求的授权企业使用"地理标志"，不符合要求的坚决不让使用"地理标志"。毕竟，要建立一个地标性的产品，树立品牌价值、产生规模效益可能需要付出几十年乃至上百年的时间，但毁掉它却可能只在旦夕之间。

3. "扶持者"角色——委托专业团队进行运营

一是专业人干专业的事，农产品区域品牌建设必须充分明确"企业是品牌建设的主体"，充分发挥市场主体的力量，这就需要将品牌注册和品牌培育等专业的事情交由专业的团队来运营。如国家电子商务进农村综合示范县建设要求，建立专业团队为农产品、民俗产品、乡村旅游等农村特色产品的网络销售提供品牌注册、品牌培育、分拣、包装、检测、网络营销策划、网站托管等增值服务。

二是建立品牌共享机制，充分调动企业的积极性。品牌的建设离不开内外价值的创造者和运营者的共同努力，政府委托企业进行运营，必须尊重市场规律，让各方与品牌共成长，共同呵护、共享品牌带来的附加值和收益。否则，政府手里掌握的区域公用品牌的价值将不能充分发挥。

三是加强地方科研机构的建设与投入力度，通过科研机构加强农产品的良种培育和栽培技术的创新，保证区域农产品的品质。同时，要建设农产品特优区。坚持市场导向和绿色发展，以区域资源禀赋和产业比较优势为基础，以经济效益为中心，以农民增收为目的，完善标准体系，强化技术支撑，改进基础设施，加强品牌建设和主体培育，打造一批特色鲜明、优势聚集、产业融合、历史文化厚重、市场竞争力强的特优区，促进优势特色农业做大做强，建立农民能够合理分享二、三产业收益的长效机制，提高特色农产品的供给质量和市场竞争力，推动农业供给侧结构性改革，辐射带动农民持续增收。

四是处理好政府与各类市场主体的关系，形成分工明确、各司其职的体制机制。农产品特优区所在地的地方政府及行业主管部门作为创建主体，要根据地区实际，科学确定特色优势品种和重点区域，组织申报创建农产品特优区，加强对特优区建设的指导、服务和监督，加大对特优区建设的支持力度。要强化特优区公用品牌的管理，维护品牌的权威性，提升品牌价值。特优区内各类龙头企业、合作社、家庭农场、种养大户等是自主经营的市场主体，按照市场化原则开展生产经营。鼓励新型经营主体发展特色农产品标准化生产，提升生产技术和产品品质，采用资源节约型、环境友好型生产模式，推动特优区可持续发展。引导特优区内新型经营主体与农民建立合理、长期、稳定的利益联结机制，带动特优区内农民持续增收，保障农民合理分享产业发展收益。

4."推动者"角色——积极推动农业区域品牌的建设

一是发展多样化的农业产业化模式，利用"公司+农户""龙头企业＋农业合作组织"等形式，进一步扩大地区农业产业化发展规模。重点扶持一批带动能力强、发展前景好、经济效益高的龙头企业，通过龙头企业品牌的知名度带动农产品区域品牌知名度的进一步提升。同时，政府也应支持农民专业合作社。近几年，"龙头企业+农户"模式以其利益联结机制的灵活性和适应性在全国范围内得到快速发展。

二是建立以合作经济组织为纽带的多元产业化经营模式，使合作社内部成员共同分享销售利润，这种利益分配机制将带给农民更多的收益，更为可靠。因此，在促进农业产业化经营模式的发展过程中，政府应更多地倾向于支持农民专业合作社，提高农民的组织化程度，这样才能逐步提高农业商品化程度，保护农民利益。

三是采取多种形式提高农民素质。应该加强对农民文化素质、技术素质、经营素质的培养，提高农民的务农水平和品牌经营意识。一方面，各地政府要搭建灵活多样的培育平台。由于农民居住分散，文化程度差异大，长时间集中学习十分困难，所以农民培训教育必须因地制宜、灵活多样，不断拓展农民培训渠道。另一方面，要根据时节灵活设置培训课程。由于农民居住相对偏远分散，且田间事务多，耕种农事繁忙，农民很难专门抽时间到县区培训站参加培训，应结合农村耕种的季节性特点，采用农学结合的弹性学制，灵活选择教学培训地点，方便农民接受农业新技术、新知识。为了调动农民的积极性，还需对那些因上课误工的农民给予一定的经济补偿，以此鼓励农民参加各种农业知识培训。此外，为方便农民学习，根据农民的要求和意愿，利用直通车送教下乡、送学上门，把教学班办到广大群众的家门口，使农民可以自主选择上课地点和时间，保证学习生产两不误，还可印发最新的生产技术小册子，制作农业生产新成果的宣传板，提高流动课堂的效果与实用性。

　　四是建立农产品区域品牌发展的专项基金。对于启动农产品区域品牌的建设和农产品区域品牌宣传、管理活动，可设立专项基金予以支持或补贴。同时，也可对农产品区域品牌经营的企业和农户的销售活动予以资金支持，激励农产品区域品牌建设的热情。农民是农业生产经营的主体，农村经济的发展水平及农村经济发展的后劲与农民文化素质密切相关。随着我国工业化、信息化、城镇化和农业现代化的快速发展，新型职业农民的培训是一项关系到"三农"发展的基础性、长期性工作，也是一项复杂的系统工程。这就迫切需要造就培养一大批懂技术、会经营、有文化的新型农民，尤其需要培养在农村用得上、留得住、扎住根的现代新型职业农民，只有这样才能让农村的人口压力转变为人才资源优势，才能真正为新农村建设提供源头活水。

　　总之，地方政府作为"战略制定者""统筹者""扶持者""推动者"，应充分发挥其在提升农产品区域品牌建设中的引导、服务和监督职能。在宏观上制定区域经济的发展目标和发展战略，通过构建特色农业品牌核心圈，培育区域内的特色资源，重视新型品牌建设主体培育，拓展农业的多功能性，促进产业集群规模扩大；规范品牌管理，提升农产品区域品牌建设水平；通过招商引资鼓励和扶持龙头企业的发展，为企业发展提供相关金融政策支持，优化品牌成长环境；积极开展各主体共同参与的区域营销；制定保证产品质量和维护市场秩序的相关地方性法规，为集群品牌建设营造良好的法律环境和政策环境等，实现农产品品牌建设主体与区域环境的协同发展，为区域品牌建设获取更多农业资源及政策支持。此外，为了有效地发挥地方政府的职能，应通过制度创新，充分发挥政府的引导、服务和监督职能，促进"政、产、学、研"的合作与联动。政府在政策层面，要以发展品牌战略为契机加强顶层设计，引导和促进农产品品牌分类和分层发展，扶持、培育农产品品牌建设的新型主体和组织，如农民合作社、家庭农场、大型品牌骨干企业等。在经济层面，通过财政、金融、贸易政策，有效推进农业与第二、三产业融合，拉长农业产业链，促进产业集群和品牌企业不断发展。还要加大对行业协会的支持力度，推动知识、信息、品牌共享平台建立，促进企业与相关科研院所的"产学研"一体化协作，以帮助企业建立科研团队或者与高校合作来突破农产品新品种培育、新技术研发方面的壁垒。

8.2.2　引导行业协会进行"产学研"平台的搭建

行业协会是农产品区域品牌形成的经营与管理者，在区域营销活动和区域品牌的构建中起着重要作用。行业协会是为维护共同的经济利益和社会利益而组成的具有行业自律性、非营利性的社会团体法人，属于政府、企业、农户之间的社会中介组织。在打造农产品区域品牌的过程中，行业协会可以发挥以下几个方面的作用。

第一，行业内部协调和自律。行业自律不仅是行业内对国家法律、法规政策的遵守和贯彻，还是行业内的行规行约制约自身的行为。其每一方面都包含对行业内成员的监督和保护的机能。

第二，提供信息。行业协会代表着行业内全体企业的共同利益，可以向相关协会或政府进行信息沟通，提出企业对于发展农产品区域品牌的共同要求，促使其出台相关政策支持本地区特色农产品的发展。

第三，区域品牌监管功能。行业协会对行业内的企业实行严格、规范化的集中管理，并对本行业产品和服务质量、竞争手段、经营作风进行严格监督；同时还要维护行业信誉，鼓励公平竞争，打击违法违规行为。

企业以"产学研"的方式同科研院校或机构搭建知识平台，为行业协会提供充足的政策支撑，辅助协会组织开展农民技术培训，制定相应的农产品种植和生产标准。在各级基层建立农业科技服务站，为农户提供科学的技术指导和咨询服务。参照国家标准改进和提高农产品地方或企业质量标准，建立农产品区域品牌，推动农业生产改革，加快扩大农产品生产规模，引导农产品朝着标准化、规范化及集约化方向发展。除此之外，为确保农产品的品质和安全，当地协会要密切联系质检部门，通过先进的检测技术把控农产品生产、加工、流通各环节的质量。农产品行业协会在首席专家的指导下积极推广农业专业技术，并提供技术咨询服务。企业应当同高校签订合作协议，并结合企业自身力量搭建"半开放式研学院"，做好农产品技术创新和品种繁育等研究，以创新来带动企业发展。行业协会应当组织技术骨干参与技术研讨会或培训班，提高其自身的专业技能，为农产品的发展提供重要的技术支持。

行业协会在农产品区域品牌营销过程中发挥的是中介服务的作用，同时，承担着农产品区域品牌经营与管理的重任。其主要职责包括：进行行业自律，开展组织、协调和服务各行业或行业内各企业的职责性工作；推动良好市场秩序的建立；制定区域内的行业标准和集群品牌的使用规范；为企业定期搭建参展会、交易会、洽谈会等多种形式的交流平台，宣传农产品区域品牌；重点扶持龙头企业，并不断地给予信息、技术、政策等方面的帮助和指导。

为更好地使行业协会进行"产学研"平台的建设，提出以下措施。

第一，加快农产品加工业不同领域和环节行业协会的发展。随着市场经济体制的不断完善，作为在政府和企业之间桥梁和纽带的行业组织，对推动农产品区域品牌的建设，有着不可替代的作用。政府要大力支持农产品加工业行业协会的发展，鼓励建立各种农产品加工行业协会。如果说良好的运行机制是农产品行业协会发展的内在动力，那么有效的政府支持则是不可缺少的外部条件。首先，要建立健全有关法律、法规，为农产品行业协会的健康发展创造前提条件。加快《社团法》《行业协会法》等法律的制定，确立农产品行业协会的法律地位。其次，政府实施优惠的经济政策，对农产品行业协会的发展给予财政、金融等经济援助和其他政策支持；建立农产品供产联盟,确保农产品等原材料的供应,为农产品加工企业提供稳定的原材料来源;建立农产品加工企业的科技推广协会,加快科技成果的生产力转化;建立农产品销售协会等,进一步拓宽市场范围。

第二,积极发挥农产品加工业行业协会的服务功能。国家经贸委《关于加快培育和发展工商领域协会的若干意见》中提出了三大类、十七项职能,要求加快落实行业协会的职能,引导行业协会充分发挥市场经济新形势下的作用,积极完善农产品加工业行业协会的服务功能。政府通过制定法规和政策,从宏观的角度对行业进行规划、协调和指导。行业协会负责行业内部的组织、协调、服务和监督,为行业内企业服务,在政府和企业间发挥桥梁和纽带作用,把国家的宏观调控目标、政策传达给企业,把企业的意见和要求转达给政府。因此,中部地区农产品加工业的行业协会要以维护市场秩序、规范企业为出发点,加强自身建设,建立行业自律机制,完善服务功能。一方面,要加强行业协会同政府的沟通交流,推动相关政策措施的制定和实施;积极发挥协会统领和把握全局的作用,制定相关行业标准,促进和引导整个行业的健康发展;实现和加强行业自律,规范企业生产经营。另一方面,要发挥各行业协会在提供社会化服务、开展行业自律、防止无序竞争、协助解决国际贸易争端等方面的作用,加强协会对会员的各项服务,提供信息咨询、法律服务、产品咨询、科技推广等服务工作,加强对企业管理和专业技术人员的培训服务,沟通内外联系,加强国际国内合作与交流,举办展览会、博览会,为会员企业提供产品宣传窗口,拓宽销售渠道等。

第三,探索多种形式利益联结新机制。建立生产经营新机制,积极鼓励农产品加工企业通过定向投入、定向服务、定向收购等方式,发展产业化经营,与农民建立稳定的合同关系和利益联结机制,形成真正的利益共同体。积极引导、进一步完善"龙头企业+农民专业合作经济组织+农户""龙头企业+农村经纪人+农户"和"龙头企业基地+农户"等各种企业与农户利益联结模式。在此基础上，探索农民合作组织兴办农产品加工业、农民土地经营权入股或转移、公司中介组织、农民形式的股份制合作组织等新型模式和机制，以加强企业和农户间的利益联系，建立利益共享、风险共担、长期稳定的利益联结机制，使农户最大限度地分享农产品加工、流通等环节的利益，建立农民增收的长效机制。鼓励龙头企业参与农业结构调整和农产品标准化生产基地建设，支持以龙头企业为依托，建立大型农产品生产、加工和销售基地，逐步形成专业化、标准化和规模化的农业产业带，鼓励和引导龙头企业按行业进行联合，形成较强的竞争力。

8.2.3　加强农业龙头企业的建设

企业或企业家联盟是区域品牌的建设主体，也是生产区域产品、建立区域主导产业的主体，更是农产品区域品牌的最大受益者。没有企业，区域经济利益就无法实现，农产品区域品牌的建设也就无从谈起。在农产品区域品牌发展过程中，最为核心的部分是农业企业，尤其是龙头农业企业在农产品品牌发展中具有突出的榜样与领导意义。农产品区域品牌在龙头企业的引领和指导下同市场相融合，使其规模优势得以凸显，也可以增强产业集聚的合作共赢、渠道优化优势，使品牌更具吸引力。农产品产业转变为"龙头企业区域品牌农户"模式后会促进农产品的规模化进程，有助于传播农产品的质量和安全信息，提升农产品的知名度和社会影响力，使得农产品区域品牌价值得到进一步提升，同时对于企业品牌的发展也具有带动作用。其作用具体表现在以下方面。

第一，充分发挥龙头企业的引领和示范作用。以龙头企业为依托，促进中小企业紧密协作，推进龙头企业带动农业集群价值链优化整合，推进传统特色农业集群品牌经济的发展。要积极引导农业龙头企业通过品牌经营、资本运作、产业延伸等方式进行联合重组，打造优质农产品品牌。

第二，支持农业龙头企业开发新技术、新产品、新工艺，发展品牌农产品加工流通业。在技术、物流、市场开发等方面推动农业集群内核心企业与农村中小企业广泛进行纵向及横向协作，形成以质量标准、销售渠道、技术创新、品牌管理为核心的"四位一体"品牌协同管理机制。在营销环节利用互联网优势建立电子商务平台，实行统一物流配送；通过提升龙头企业及中小企业的技术创新能力，提高特色产品精深加工水平，实现传统加工工艺向先进高新技术转变；注重引导骨干企业建设集商标、产品质量、企业信用与特色文化为一体的优质农产品品牌，逐步建立集群核心企业的差异化品牌价值优势。

第三，要鼓励农民专业合作社以法人身份按产业链和品牌组建联合社，着力打造一批品牌农产品经营强社。要鼓励一定规模的种养大户成立家庭农场和公司农场，提升专业化、标准化水平，加入农产品品牌产业链条。积极推动出台扶持农民专业合作社、龙头企业、家庭农场和公司农场等新型经营主体发展农产品品牌的政策和措施，相关扶持资金和项目向新型经营主体适当倾斜。在经营模式上，要大力推行"农户+农民合作社+公司"的组织合作形式，促进"订单农业"发展，并有效组织生产，重视标准化运作。

第四，鼓励龙头企业进行农产品质量品牌建设。鼓励农业龙头企业开展质量管理、食品安全控制、追溯等体系认证；鼓励农业龙头企业承担国家级和省级标准化示范试点项目，并在项目选择上给予优先考虑；鼓励农业龙头企业承担山西省农业地方标准的起草工作，及时将先进的生产技术、科研成果转化为标准；鼓励农业龙头企业开展产品认证、实施危害分析与关键控制点体系，加强事中事后监管，继续推动出口食品农产品质量安全示范区建设。按照有关规定，对于农业龙头企业首次获得驰名商标和著名商标的中小微企业给予财政奖励。加强农产品商标和地理标志商标注册与保护，严厉打击侵犯知识产权、制售假冒伪劣商品、仿冒伪造品牌等行为。

加大对优势农业龙头企业进行国外农产品质量安全法律法规的培训。

第五，促进标准化基地建设的协作。依托农产品地理标志优势，加大对集群龙头企业的帮扶力度，并联合农民合作社共同建设有机和绿色食品生产基地，推动品牌建设和发展。基地标准化生产管理要严格遵守国际农业通行标准，在合作运作方式上采取多种合作模式，在专业合作社的参与下增加农产品的销售量。以精细化、规范化和标准化的理念加快改造旧果园，建设更为高效的、健康的农产品生产基地。农民合作社与企业在农产品种植过程中要遵守无公害原则，合理喷洒农药、施用化肥，不得违背相关农艺或技术规范，确保农产品质量。在生产、销售等环节要严格把控质量，建立完善的产品档案，如建立标准化产品的"身份证"，让消费者能自主查询农产品的质量、场地等信息，提升农产品品牌的影响力，保证产品品质，推动农业朝着一体化方向发展。

第六，合理划分区域经营，进行专业化运作。要为农业龙头企业供应充足的原料，将政府、龙头企业、农民作为生产基地的投资主体，将资金用于开发优质的生产资料及培训或引进高素质的基地管理人员和农业技术研发及推广人员。实施科技兴企的战略，与农业科研院所等部门机构联合，引入最新的研究成果，提高原料的科技含量。

近年来，山西省把培育农产品加工业、做大做强农产品加工龙头企业作为破解"三农"难题的中心工作来抓。以"三个发展"的要求为指导，以发展现代农业、提升农业产业化经营水平、促进农民增收为目标，抓住沿海企业转移西进和资源型企业转型发展的有利契机，启动实施农产品加工龙头企业"513"工程，加大对产业链条长、辐射带动面广、市场竞争力强的农产品加工龙头企业的扶持力度，推动农产品加工龙头企业体制、机制和科技创新，推进企业品牌打造和产品结构的优化升级，促进农产品加工龙头企业做大做强。根据山西省的资源分布、市场前景和现有基础条件，按照"龙头企业＋基地＋合作社＋农户"的产业化经营模式，以实施农产品加工龙头企业"513"工程为抓手，构建龙头企业集群，打造粮食、畜禽、乳品、果品、蔬菜、薯类、油脂、中药材八大产业链，整体提升农业产业化经营水平。

今后，龙头企业仍要成为推进农业产业集群升级的主要动力。要针对各地的实际情况，切实壮大和扶持龙头农业企业，支持重点农产品加工企业，为农户开展技术指导和产品咨询，帮助农户进行农产品集中仓储、物流和销售，建立农产品加工企业与农户紧密的利益联结纽带。通过龙头农业企业支农惠农的示范效应，引导更多的中小型农产品加工企业实行与农户的对接。这对于农业产业链上游和中游环节的衔接能起到重要作用，实现了农业产业链的优化整合。

8.2.4 加强农产品区域品牌导向的集群供应链组织创新

为全面贯彻党的十九大精神，以习近平新时代中国特色社会主义思想为指导，落实国务院关于推进供应链组织创新与应用的决策部署，以供给侧结构性改革为主线，完善产业供应链体系，高效整合各类资源和要素，提高企业、产业和区域间的协同发展能力，适应引领消费升级，激发实体经济活力，在现代供应链领域培育新增长点、形成新动能，助力建设现代化经济体系，推动经济高质量发展。

加强农产品区域品牌导向的集群供应链组织创新的具体思路是：通过试点积极打造"五个一批"，即创新一批适合我国国情的供应链技术和模式；构建一批整合能力强、协同效率高的供应链平台；培育一批行业带动能力强的供应链领先龙头企业；形成一批供应链体系完整、国际竞争力强的农业产业集群；总结一批可复制推广的供应链创新发展和政府治理实践经验。这样做，可以将现代供应链培育为农业的新增长点，成为供给侧结构性改革的重要抓手，成为"一带一路"建设和形成全面开放新格局的重要载体。

从前面的分析可看出研究遵循农产品区域品牌创新—农产品区域品牌价值提升—农业集群价值链功能升级的理论框架。研究显示，农产品区域品牌创新活动直接影响了我国传统农业集群区域品牌的核心价值、区域品牌的价值创造力及区域品牌市场价值，进而促进了集群价值链的品牌竞争力提升，由此实现了集群价值链的功能升级。因此，传统农业集群产业价值链功能升级有赖于农产品区域品牌文化定位创新、集群供应链组织创新和区域营销创新。

因此，要建立健全农业供应链，结合本地特色农业，优先选择粮食、果蔬、茶叶、药材、乳制品、蛋品、肉品、水产品、酒等重要产品，立足于农村区域特色优势，充分发挥农业产业化龙头企业示范引领作用，积极推动供应链资源集聚和共享，打造联结农户、新型农业经营主体、农产品加工流通企业和最终消费者的紧密型农产品供应链，构建全产业链各环节相互衔接配套的绿色可追溯农业供应链体系；推动农业龙头企业与供应商、生产商实现系统对接，构建流通与生产深度融合的供应链协同平台，实现供应链需求、库存和物流实时共享可视；推动企业建设运营规范的商品现货交易平台，提供供应链增值服务，提高资源配置效率；促进传统实体商品交易市场转型升级，打造线上线下融合的供应链交易平台，促进市场与产业融合发展；鼓励传统流通企业向供应链服务企业转型，建设供应链综合服务平台，提供研发、设计、采购、生产、物流和分销等一体化供应链服务，提高流通效率，降低流通成本；推进城市居民生活供应链体系建设，发展集信息推送、消费互动、物流配送等功能于一体的社区商业，满足社区居民升级消费需求，提高居民生活智能化和便利化水平等。

目前，山西农产品区域品牌的构建重点是在自然条件、历史传统、区域文化等特殊产业要素的比较优势基础上，提升区域品牌的层次和文化品位，重点打造高附加值品牌。这就需要运用供应链组织创新提高品牌运营效率和科技创新及品牌协作能力，将技术和知识作为品牌的重要支撑，挖掘农产品供应链组织的品牌贡献潜力和优势。由此，应该借助区域品牌的地理优势和社会文化资本，建立"农产品加工企业+物流企业"的供应链核心品牌企业联盟，打造统一的强势品牌"增长极"，带动农产品集群品牌的合作与竞争。通过实行以农业合作社为中心的标准化生产，保证农产品的品质；通过核心加工企业与中小企业的科技创新和品牌分工协作，集群供应链内技术、管理经验的外溢，为集群企业的技术创新和农产品品牌差异化特色的形成提供有效的支撑和强劲发展动力；通过第三方物流企业的专业化物流集中配送及其增值作业（信息集中处理、集中采购等），节约交易成本，提高品牌的营销效率。

8.2.5 促进农产品区域品牌与地方市场、产业集群互动与融合发展

农产品区域品牌既具有品牌效应的优势，在外来因素影响下又有受机会主义侵害而造成品牌贬值的危险。因此，通过积极探索区域公用品牌与企业品牌、地方市场与集群相融合的模式，进而提高区域品牌的扩张和延伸能力，降低其品牌发展风险。以此促进品牌、企业、市场、协会、集群各要素相互贡献及共同发展。

1.重视企业品牌与区域品牌互动，提高农产品区域品牌的竞争力

第一，建立区域伞品牌管理架构。政府、行业协会及其他服务机构为服务层，企业品牌为主导层，区域品牌为伞品牌，伞品牌对产业内企业品牌进行统一管理，企业自卫联合形成大规模的联合品牌，往下可再设立子品牌（产品品牌）。具体来讲，要将农产品区域品牌作为母品牌，区域内各产品品牌作为子品牌，这样就可以实现区域品牌与企业品牌的交互发展。由此，由伞品牌统帅势单力薄的企业品牌及其产品品牌，容易形成具有竞争优势的品牌族群。政府及行业协会应尽快建立农业集群品牌管理的专业机构，采用资金扶持和联合发展等方式支持、鼓励行业和企业共同建设区

域品牌，强化集群中小企业的农产品区域品牌建设及保护意识，鼓励企业间联合打假，推动农产品区域品牌使用者主动维护区域品牌声誉。要重视企业品牌与区域品牌互动，推动集群品牌建设由利用"区域品牌背书"向名优企业品牌成长转变。伞品牌进行品牌管理要注意两点。一是农产品区域品牌授权及日常管理。对新纳入伞品牌下的联合品牌和子品牌，要发挥农产品区域品牌的伞品牌作用，精心培育与伞品牌紧密关联的子品牌，推进区域品牌带动企业品牌发展。通常，从产业带动力、品牌影响力、品牌延伸力等维度对企业进行评估授权，并采用"动态管理、有偿使用"原则，对其进行规范管理。对农产品区域品牌的使用采用上交会费等形式，每年对这些品牌进行跟踪评估，淘汰劣质及不达标的品牌。二是农产品区域品牌定位管理。农产品区域品牌是产业集群的品牌背书，应立足于绿色、安全、营养进行品牌定位，并保持集群品牌建设主体的经营观念与行为协调一致，通过打造与提升整体品牌体形象获取消费者认同；而农产品品牌和企业品牌则在此基础上进行差异化，立足名、优、特、新原则，打造强势企业品牌或产品品牌。以代州酱菜为例，将代州酱菜品牌定位为优势产区、特色文化、独特品质；而其下的"雁门紫塞"类产品及企业的品牌则定位为文化底蕴、特色资源、精品酱菜，凸显企业特色与文化。

第二，培育子品牌群，打造农产品品牌梯队。农产品区域品牌是母品牌，区域内各产品品牌是子品牌，要促进母子品牌的交互发展。一方面，应重视建立双品牌策略，将母子品牌即传统区域品牌与企业品牌、产品品牌有效结合起来。统一母品牌的品牌标志，子品牌可以彰显企业的特点。通过提升农产品区域品牌的美誉度，发挥区域品牌的伞品牌作用，并精心培育与伞品牌紧密关联的子品牌，推进区域品牌带动企业品牌发展。同时，通过打造区域内核心企业强势品牌来反哺区域品牌，鼓励企业建牌，提高品牌运作水平，挖掘品牌文化内涵，形成企业个体品牌差异化及特色优势，推动地理标志使用者主动维护其声誉，较多企业品牌相互竞争、合作，形成品牌族群和品牌梯队。由此,才能促进中小企业品牌及区域品牌的共同发展。

第三,农产品区域伞品牌下的品牌联合。越是竞争激烈的行业,企业越倾向于采用多品牌战略,因为只有通过多品牌联合才能在细分市场上制造出差异化。区域伞品牌下的品牌联合包含了两个方向的联合,即纵向联合和横向联合。其中,纵向联合是指互相竞争的企业之间达成的合并、控股协议和非直接竞争者之间达成的限制竞争协议。一般来讲,纵向联合的区域品牌与区域内的产品或服务品牌建立联系能够起到庇护及覆盖作用。横向联合是指不同产业之间的联合,有利于发挥产业之间的协同效应。在区域品牌联合统一品牌管理下,横向协作包括水果种植、加工、包装、物流及旅游、休闲农业等。有效使用联合品牌、企业品牌、产品品牌,能够显著提升集群品牌的延伸能力。纵向协作包括以上产业环节内部的区域品牌、企业品牌、产品品牌的合作。产业内小微企业以龙头企业为核心进行紧密合作与分工,通过合资、技术与学习交流等方式建立战略伙伴关系,增强企业品牌核心竞争力。

2.推进专业市场功能创新,加强农业集群品牌与市场互动

产业集群内的企业聚集在特定的区域内,与专业化市场互为依托、联动发展,推动了生产分工的不断细化和产业结构的调整升级,引领经济快速增长。二者唇齿相依,共生共荣,形成了一种有效的互动循环模式。集群供应链网络构成了生产的集聚,专业市场则构成了营销的集聚。专业市场被认为是集群成长的第三驱动力。

为加强农业集群品牌与市场互动,各地农业要从实际出发,重点建设三级批发市场体系。跨地域的区域专业农产品批发一级市场,主要服务于本地,同时辐射周边省份和国家;地方性规模专业农产品批发市场,主要为当地农产品供销服务,辐射周边生产基地、农贸市场;小型园头专业市场,农产品主要通过农户在地头汇集并向外批发交易。与此同时,在全球

价值链升级的背景下，农业集群专业市场要实现功能创新，从商品销售平台向集群服务业集聚平台转型，从交易市场向展贸市场转变。通过政府、市场、协会集体合作行动，共建共享营销网络、研发与区域品牌营销收益，由此实现整个集群在价值链上的攀升和集群转型升级。为此，要注重通过控制市场商品质量准入，以及塑造产品品牌和市场品牌的联动，加强市场品质管理。与此同时，应该借鉴先进技术和管理方式，加强集群合作行动，打造专业化服务平台；以建设"研发与营销平台"为重点，加强渠道拓展、品牌营销、金融服务、研发创新等公共服务及功能创新，从而实现中小企业风险及成本共担、营销资源共享及优势互补。此外，还要建立和完善相关商品的市场信息库，建立中小企业信息服务平台，引导企业生产；发展会展经济，构建国内外贸易服务平台；加快物流设施建设及物流企业信息化建设，建立物流配送平台，由此扩大集群品牌的外向关联度，促进集群及其企业的对外交流，加快集群技术创新及区域品牌和企业品牌的扩散。

3.促进农产品区域品牌与集群互动，推进集群价值链功能升级

以品牌互动为基础，以"信任合作、价值联盟、协同发展"为创新机制，以区域品牌价值提升为核心，注重从品牌、销售和终端渠道、研发创新等环节提高企业高端产品价值链竞争力，步入区域或全球市场的价值链体系，推动集群价值链功能升级。因此，各地应在农产品区域品牌文化的引领下，立足集群供应链，建立以创新共生及信任合作为基础的集群生产网络，形成强有力的价值联盟。通过品牌价值的共同创造，提高集群组织的生产效率与创新能力，进而提升区域品牌的价值创造力。此外，通过以专业市场功能创新为核心的区域营销创新建立集群营销网络，打造品牌效应，将区域品牌的产品价值转化为市场价值、同时推进集群产业链延伸，推动旅游等相关服务产业价值链增值。通过基于区域品牌创新活动的集群内、外部治理共进，不断提升群链势力，促使集群产业链各主体更新或获取更有价值、更高级的品牌要素，实现集群由"资源优势"向"效率优势"

和"品牌创新优势"的转化,最终表现为特色农业集群由低技术、低附加值向高技术、高附加值转移的升级形式及本地化—区域化—全球化的空间演化路径,推进农产品集群价值链功能升级。

总之,要积极促进农产品区域品牌与地方市场、产业集群互动与融合发展,应该利用现有专业市场培育产业集群。一方面,各地一定要立足于在本地区范围内,有计划地培育与各专业市场发展方向相配套的产业,并且使该产业逐步发展壮大;另一方面,要把产业支撑面积向外地扩展。同时,积极鼓励和引导做大做强一批具有影响力的农业专业市场,以农产品区域品牌拓展市场规模,依靠农产品品牌提升市场档次,通过农产品品牌增强企业市场辐射力、提高其在专业市场的竞争力。

8.3 本章小结

本章首先从农产品区域品牌建设的多元供给制度分析着手,提出农产品区域品牌多元供给模式制度创新的关键在于政府由管制型政府向服务型政府转变,需要捋顺政府和市场、政府和社会之间的关系,建立和完善与之相适应的制度规范;其次,从政府、企业、社区、行业协会等利益相关主体的角度提出提升农产品区域品牌建设的对策与建议。

第9章　研究结论与展望

本书注重与社会实际相结合来解决农产品区域品牌建设中的现实问题。首先，在国内外研究述评的基础上，对相关概念进行界定并对农产品区域品牌的基本原理和基本理论进行了概括和总结；其次，系统地阐述了农产品区域品牌形成机理的主体、力量源泉、形成过程与生成路径，并在此基础上对农产品区域品牌进行实证研究，提出相应的对策建议。

本书的主要结论如下。

第一，重构农产品区域品牌的主体，即政府、行业协会、龙头企业等，它们协同作用促进了农产品区域品牌的发展。在此基础上，提出农产品区域品牌形成中区域品牌建设的力量源泉，即农产品集群的竞争力、软硬环境的竞争力、整合营销的拉动力三方面竞争力优势，总结出了区域品牌的形成过程和区域品牌的形成机理。

第二，农产品区域品牌形成的实证研究结果表明，影响农产品区域品牌形成的主要因素是地理要素禀赋、政策扶持、区域品牌文化、区域品牌协作及产业集群。其中，地理要素禀赋、政策支持、产业集群因素是直接影响因素，区域品牌文化及区域品牌协作是间接影响因素，在农产品区域品牌形成中起中介作用。通过地理要素禀赋、政策扶持、产业集群、区域品牌文化及区域品牌协作等核心品牌因素推动，构筑了农产品区域品牌的资源优势、价值链优势、品牌文化优势及政策优势。

第三，由农产品区域品牌形成中的博弈模型分析可知，"搭便车"作为占优策略是必然存在的。主观上,追求经济利益最大化是企业滥用、冒用区域品牌的根本动力,"理性经济人"的占优战略均衡是可以预测到的唯一的均衡。客观上,农产品区域品牌产权的模糊性和公共物品属性为区域品牌"搭便车"行为创造了条件。此外,重复博弈的规制是现实存在的。重复博弈是企业走出"囚徒困境"的方法之一,因为在使用农产品区域品牌过程中,企业间的联系对其使用行为形成一种制约,后使用农产品区域品牌的企业在重复博弈中选择建设策略是最优的。

第四,本书注重与社会实际相结合,旨在解决农产品区域品牌建设中的现实问题。通过对山西省农产品区域品牌建设概况、效应影响因素模型,以及对关联产业带动效应、价值共享效应、品牌带动效应、农业经济发展推动效应的分析研究,进一步丰富了山西农产品区域品牌建设的研究。

由于时间的局限性,本书还存在着以下几方面不足,希望能在今后的工作中进一步完善。

第一,农产品区域品牌建设涉及的相关利益主体较多,对这样一个现实的综合问题,进行系统的利益博弈分析,本身具有一定挑战性。本书仅对政府与企业、企业间等利益相关主体在农产品区域品牌建设中的相互行为进行两两博弈分析,今后还需对其他的利益相关主体进行博弈分析。

第二,研究内容有待进一步深化。本书的逻辑分析框架不够完善,研究深度不够。具体表现为:对农产品区域品牌效应的研究仅限于企业层面,对消费者层面和集群层面的品牌效应,如顾客满意度、集群品牌竞争力等问题尚未涉及。此外,尽管本书涉及农业产业集聚与农产品区域品牌的相关研究,但有关集群供应链企业的品牌分工对农产品区域品牌建设作用的研究并不深入,这也是本书今后需进一步研究的一个重要方向。

附录：吉县苹果品牌效应影响因素问卷

尊敬的先生/女士：

您好，非常感谢您在百忙之中抽出宝贵时间支持农产品区域品牌问卷的调查工作。本次问卷调查主要是为了调查影响吉县苹果品牌效应发挥的因素，调查结果仅用于学术研究，对您的个人信息绝对保密，且本次调查属于匿名调查，不会涉及您的隐私。非常感谢您的参与和配合！

第一部分　基本信息

1.您的性别

（1）男　　　　（2）女

2.您的年龄

（1）25岁以下　　（2）25～35岁　　（3）35～45岁　　（4）45岁以上

3.您目前从事的职业

（1）学生　　　　（2）企业人员　　　　（3）行政与事业单位人员

（4）个体工商户　　　（5）其他

4.您的学历

（1）硕士及以上学历　　（2）本科学历　　（3）专科及以下学历

5.您的年收入

（1）5万元以下　　　　　（2）5万~10万元

（3）10万~15万元　　　　（4）15万元以上

6.您是否了解吉县苹果品牌

（1）了解　　　（2）不了解

第二部分　吉县苹果品牌效应影响因素调查问卷

注：根据您对吉县苹果品牌相关问题的感受填写问卷，并对题项进行评分，1表示非常不同意，2表示较不同意，3表示一般，4表示较同意，5表示非常同意。

题项	1	2	3	4	5
1.吉县生产苹果具有得天独厚的生态环境,保证苹果品质					
2.吉县所处的自然资源与环境(如地形、水源、气候等)为吉县苹果生长提供了便利					
3.大型农事活动以及展览会等会展活动的开展,为吉县苹果树立了良好的品牌声誉					
4.吉县苹果品牌相关企业在生产工序改进、产品包装升级等方面为其传播提供了帮助					
5.吉县苹果品牌规模较大,在山西省乃至全国都享有良好的声誉					
6.吉县苹果品牌直营店为品牌的销售提供了便捷的渠道					
7.吉县苹果品牌所做的广告宣传活动取得较大成效,让全国各地了解到品牌的价值					
8.电子商务的推动,使得吉县苹果品牌能够销往全国各地,提升品牌的知名度与销量					
9.当地政府及其他社会组织为吉县苹果品牌进行有效宣传,使得品牌竞争力显著提高					
10.当地政府为吉县苹果品牌的发展提供了支持与优惠政策					
11.当地政府以及其他社会组织加大对苹果培育、生产、销售等培训,为吉县苹果品牌的发展提供了后备力量					
12.当地政府为吉县苹果品牌提供质量安全保障,为品牌的发展保驾护航					
13.吉县苹果品牌已形成产、供、销一体化经营模式					

续表

题项	1	2	3	4	5
14.吉县为苹果生产提供的基础配套设施较为完备健全					
15.吉县种植苹果的历史久远,已形成专业化苹果生产工序					
16.吉县苹果品牌的销售渠道丰富,相关企业为苹果销售提供较多便利					
17.吉县种植苹果的农民和苹果专业合作社数量众多					
18.吉县苹果品牌知名度高,社会认可度高					
19.相比于其他苹果品牌,吉县苹果品牌更受欢迎					

参考文献

白光，马国忠，2006. 中国要走农业品牌化之路 [M]. 北京：中国经济出版社.

边剑霞，2014. 农产品区域公用品牌保护和提升中的政府职能 [D]. 上海：复旦大学.

波特，2003. 竞争论 [M]. 高登北，李明轩，译. 北京：中信出版社.

曹慧娟，2013. 安徽省特色农产品区域品牌建设研究 [J]. 重庆科技学院学报（社会科学版）（11）：105-107.

曹立群，2017. 舟山特色农产品区域品牌建设研究——以舟山"晚稻杨梅"为例 [D]. 舟山：浙江海洋大学.

曾建明，2010. 基于系统的角度：区域品牌形象应作为评价区域竞争力的一个新要素 [J]. 系统科学学报，18（2）：65-67.

陈杉，王平达，2016. 美国新一代合作社对我国农民合作社发展的启示 [J]. 学术交流（3）：115-122.

陈秀山，张可云，2003. 区域经济理论 [M]. 北京：商务印书馆.

陈育花，朱顺泉，2004. 供应链管理中企业合作的博弈分析 [J]. 价值工程（1）：61-63.

邓贝贝，颜廷武，2011. 关于我国农产品品牌建设的思考 [J]. 山东农业大学学报（自然科学版）（4）：622-626.

丁晓晶，2012. 农业产业集聚与农产品区域品牌互动分析 [J]. 通化师范学院报（7）：80-82.

董俭堂，2010. 宁夏现代农业发展模式及关键环节研究 [J]. 农村经济与科技，21（6）：89-90.

董敏，倪卫红，胡汉辉，2003. 产业集聚与供应链联盟——两种创新战略的比较研究及发展趋势分析 [J]. 现代经济探讨（3）：36-38.

董平，苏欣，2012. 基于消费者的农产品区域品牌资产模型构建及实证研究 [J]. 商业时代（23）：29-30.

范金旺，2007. 农产品品牌建设探析 [J]. 江西农业学报（11）：129-130.

高峰，朱景丽，王学真，2008. 基于垂直供应链的农业产业集群竞合博弈分析 [J]. 科技管理研究（12）：467-469.

龚双红，2006. 国外产业集群理论综述 [J]. 哈尔滨市委党校学报，43（1）：40-43.

辜胜阻，郑凌云，张昭华，2006. 区域经济文化对创新模式影响的比较分析——以硅谷和温州为例 [J]. 中国软科学（4）：8-14，45.

关纯兴，2012. 区域农产品品牌协同管理研究 [J]. 学术研究（6）：74-79.

闺闽，2012. 地方政府与农产品区域品牌运营的理论与实践 [D]. 武汉：武汉科技大学.

郭红生，胡淑琴，2009. 生态型地理标志农产品品牌关系的构建 [J]. 价值工程（6）：2-3.

郭锦埔，2005. 江西特色农产品区域品牌经营的思考 [J]. 中国农业资源与区划（4）：51-54.

郭克锋，2011. 区域品牌形成与引入的经济学分析 [J]. 统计与决策（7）：68-70.

韩福荣，赵红，赵宇形，2008. 品牌竞争力测评指标体系研究 [J]. 北京工业大学学报，34（6）：666-672.

何迪，2011. 农业产业集聚与区域品牌建设分析——以通化人参品牌建设为例 [J]. 通化师范学院学报，32（3）：31-33.

何吉多，朱清海，李雪，2009. 基于产业集群的农产品区域品牌生成机理研究 [J]. 乡镇经济（1）：103-107.

何丽君，2007. 区域品牌形成的驱动因素分析 [J]. 福建论坛（社科教育版）（12）：82-86.

贺世红，严志强，2014. 西部地区地理标志农产品供应链管理中的政府行为研究——以广西地理标志农产品为例 [J]. 物流技术（17）：30-31.

候志茹，2010. 东北地区产业集群发展动力机制研究 [M]. 北京：新华出版社.

胡大立，堪飞龙，吴群，2005. 品牌竞争力的生成及其贡献要素优势转化机制分析 [J]. 科技进步与策（7）：81-83.

胡大立，湛飞龙，吴群，2006. 企业品牌与区域品牌的互动 [J]. 经济管理（5）：44-48.

胡铭，2008. 基于产业集群理论的农产品地理标志保护与发展 [J]. 农业经济问题（5）：26-30.

胡平波，2011.江西省特色农业产业集聚发展动力因素的实证 [J].华东经济管理，25（7）：19-22.

胡晓云，2007.中国的农产品品牌化：中国的体征和中国的方略 [M].北京：中国农业出版社.

胡晓云，2010.中国农产品区域公用品牌的价值评估研 [J].中国广告（3）：126-132.

胡晓云，2011.以构建强势农产品区域公用品牌为主体目标的中国农事节庆影响力评价模型研究 [J].广告大观（理论版）（4）：18-28.

胡晓云，2017.中国果业品牌价值发现与重塑的七大方法 [J].中国广告（2）：102-108.

胡晓云，等，2014.日本"品牌农业"的发展战略与启示 [J].农村工作通讯（24）：62-64.

胡晓云，陆琪男，2010.农产品区域公用品牌打造的中国方法——首届中国农产品区域公用品牌建设对话录 [J].中国广告（3）：133-136.

胡正明，2010.农产品区域品牌形成与成长路径研究 [J].江西财经大学学报（6）：64-68.

胡正明，蒋婷，2010.区域品牌的本质属性探析 [J].农村经济（5）：89-92.

黄福江，高志刚，2015.美国农业产业集群的实践与启示 [J].世界农业（12）：63-67.

黄海平，龚新蜀，黄宝连，2010.基于专业化分工的农业产业集聚竞争优势研究——以寿光蔬菜产业集聚为例 [J].农业经济问题（4）：64-69，11.

黄辉，2009.标准提升产品质量 质量树立企业品牌 [J].标准生活（6）：19-20.

黄蕾，2009.区域产业集群品牌——我国农产品品牌建设的新视角[J]江西社会科学（9）：105-109.

黄深，黄勇，2007.区域品牌自我维护机制的博弈分析 [J].商场现代化（36）：105-106.

黄喜忠，杨建梅，2009.产业集群的品牌生态系统研究 [M].北京：经济科学出版社.

黄亚均，袁志刚，2002.宏观经济学 [M].北京：高等教育出版社：55-57.

季六祥，2003.一个全球化的品牌竞争力解析框架 [J].财贸经济（8）：88-90.

贾爱萍，李大垒，2009.产业集群品牌创建的影响因素 [J].经济管理（31）：12-22.

贾让成，邵明杰，2005.地方历史品牌的困境及管理策略 [J].经济体制改革（5）：74-76.

江小毅，2009.欠发达地区农产品品牌整合战略研究 [J].企业经济（2）：87-89.

蒋廉雄，朱辉煌，卢泰宏，2005.区域竞争的新战略：基于协同的区域品牌资产构建 [J].中国软科学（11）：107-116.

金祥荣，朱希伟，2002.专业化产业区的起源与演化一个历史与理论视角的考察 [J].经济研究（8）：74-82，95.

鞠传霄，2013.基于产业集群的区域品牌建设研究 [D].北京：首都经济贸易大学，7.

孔祥智，金洪云，等，2012.国外农业合作社研究——产生条件运行规则及经验借鉴 [M].北京：中国农业出版社.

黎继子，刘春玲，2006.集群式供应链：产业集群和供应链的耦合 [J].现代经济探讨（5）：5-9.

李冰，2010.关于黑龙江省农产品区域品牌建设的思考 [J].佳木斯大学社会科学学报（5）：48-49.

李春海，张文，彭牧青，2011.农业产业集群的研究现状及其导向：组织创新视角 [J].中国农村经济（3）：49-58.

李大垒，2016.陕西山东两省农业区域品牌建设情况比较 [J].中国国情国力（1）：24-25.

李大垒，仲伟周，2017.农业供给侧改革、区域品牌建设与农产品质量提升 [J].理论月刊（4）：132-136.

李东升，2008.全球价值链下农业产业集群功能升级分析 [J].国际经济合作（9）：20-23.

李海东，2008.区域品牌"搭便车"行为的博弈分析与治理路径 [J].江西科技师范学院学报（2）：32-35.

李辉，张旭明，2006.产业集群的协同效应研究 [J].吉林大学社会科学学报，46（3）：43-50.

李丽，姜含春，2008.茶叶公用品牌下企业间的博弈行为及对策分析 [J].中国茶叶（3）：3-5.

李敏，2008.我国农产品品牌价值及品牌战略管理研究 [D].武汉：华中农业大学.

李敏，2009.国外农产品品牌研究述评 [J].乡镇经济（10）：92-95.

李琼，2015.产业集群背景下湖南区域品牌建设的问题与对策 [J].衡阳师范学院学报（1）：72-74.

李瑞丽，2005.核心企业在产业集群演化过程中的作用分析 [J].科技与管理（4）：106-109.

李晓红，程燕，2015.新疆特色农产品区域品牌创建与发展策略浅析 [J].经济研究导刊（6）：45-46，87.

李秀萍，2008.区域品牌维护中的企业博弈分析[J].湖北经济学院学报（人文社会科学版）（12）：68-70.

李学工，易小平，2009.农产品区域品牌建设中的"公共物品私人自愿供给"问题研究[J].兰州商学院学报（2）：65-68.

李亚林，2012.区域品牌的形成创建机理研究——农产品区域品牌为例[J].科技创业（11）：32-35.

李永刚，2005.企业品牌、区域产业品牌与地方产业集群发展[J].财经论丛（1）：22-27.

梁琦，刘厚俊，2003.产业区位生命周期理论研究[J].南京大学学报（哲学·人文科学·社会科版）（5）：139-146.

梁文玲，2007.基于产业集群可持续发展的区域品牌效应探究[J].经济经纬（3）：114-117.

梁莹，郑江波，2010.区域品牌的治理机制研究：基于产业集群的视角[J].统计与决策（19）：145-148.

林阿禄，颜颖，2011.茶叶产业集群的区域品牌协同研究——以福安坦洋工茶叶品牌为例[J].质量技术监督研究（5）：43-46.

林春晓，2014.农业产业集聚构建区域品牌的策略研究[D].济南：山东财经大学.

林德荣，滕淑珍，2012.农产品区域公用品牌成长路径及影响因素研究——以"烟台苹果"为例[J].青岛农业大学学报（社会科学版）（2）：23-26.

林荣清，2008.农产品品牌带动战略实施的机制与对策分析[J].华东经济管理，22（7）：59-63.

刘恒江，陈继祥.要素、动力机制与竞争优势：产业集群的发展逻辑[J].中国软科学，200（2）：125-130.

刘洪波，2011.区域品牌构建的三个支点[J].管理研究（10）：26-27.

刘华军，2011.地理标志的空间分布特征与品牌溢出效应——基于中国三部门地理标志数据的实证研究[J].财经研究（10）：48-57.

刘进，李闯，2010.传播标准化——农产品区域公用品牌的发展战略[J].农产品加工（11）：41-43.

刘丽，周静，祥军，2010.地理标志的政府营销理论依据和战略研究[J].广西社会科学

（10）：59-63.

刘守贞，王奎良，2011.烟台苹果产业的发展现状与对策措施 [J].山东农业科学（9）：120-122.

刘守贞，张洪波，王奎良，2012.农产品区域公用品牌建设的战略思考——以烟台苹果为例 [J].山东省农业管理干部学院学报（4）：31-34.

刘婷，于英，鹿永华，2015.农产品品牌竞争力对比分析——以"烟台苹果"和"新西兰苹果"为例 [J].林业经济（12）：78-82，109.

刘晓彬，李蔚，2014.农产品产区品牌的经营模式及管理策略 [J].农村经济（4）：65-68.

刘元兵，刘春晖，2012.农业区域品牌经济体的共生理论解读及形成对策探析 [J].广东农业科学（5）：198-200.

刘月平，2009.区域品牌形成的驱动因素分析 [J].福建论坛（社科教育版）（12）：82-86.

刘中会，2009.寿光蔬菜产业集聚研究 [D].长春：东北师范大学.

龙丽，2001.博弈论在企业竞争中的应用研究 [M].厦门：厦门大学出版社：4-5.

卢代富，谭贵华，2012.美国农业合作社的形态法定化及其启示 [J].法学论坛（3）：112-128.

罗纪宁，黄萍，2016.有机农产品区域品牌发展战略研究——基于有机农产品区域品牌模型 [J].品牌研究（6）：89-96.

吕苏榆，2012.日本农业区域品牌发展探析 [J].现代日本经济（2）：73-79.

马清学，2010.农产品区域品牌建设模式研究 [J].河南师范大学学报（哲学社会科学版）（1）：142-144.

马歇尔，1964.经济学原理 [M].北京：商务印书馆.

迈尔森，2001.博弈论 [M].北京：中国经济出版社.

孟韬，2006.企业品牌、网络关系与产业集群发展 [J].东北财经大学学报（3）：14-16.

米新丽，2015.美国农业合作社法初探 [J].江西社会科学（3）：139-140.

倪焱平，2008.基于博弈论的区域产业品牌培育途径及主体问题探讨 [J].区域经济（2）：46-48.

钱静斐，李宁辉，2014.美国有机农业补贴政策：发展、影响及启示 [J].农业经济问题（7）：103-109.

乔娟，张宏升，2005. 以区域品牌为重点推进农产品品牌经营战略 [J]. 湖南农业科学
　　（5）：4-8.

任强，2010. 我国农产品品牌建设的现实问题与对策 [J]. 改革与战略（5）：117-119.

商世民，2016. 地理标志集群品牌对农产品产业集聚的影响——以湖北省为例 [J]. 科技进
　　步与对策（23）：40-43.

邵建平，任华亮，2008. 区域品牌形成机理及效用传导对西北地区区域品牌培育的启示
　　[J]. 科技管理研究（3）：133-134，144.

沈鹏熠，2011. 农产品区域品牌的形成过程及其运行机制 [J]. 农业现代化研究（32）：
　　588-590.

沈青，2007. 区域产业集群发展与实施品牌战略的协同演进思考 [J]. 科技管理研究（4）：
　　53-55.

盛世豪，郑燕伟，2004. "浙江现象"产业集群与区域经济发展 [M]. 北京：清华大学出
　　版社.

斯密，1974. 国民财富的性质和原因的研究 [M]. 北京：商务印书馆.

苏悦娟，孔祥军，2010. 地理标志的政府营销理论依据和战略研究 [J]. 广西社会科学
　　（10）：59-63.

孙剑，龚自立，2010. 产业集群成熟度模型及评价指标体系研究 [J]. 技术经济与管理研究
　　（6）：120-124.

涂传清，王爱虎，2012. 农产品区域公用品牌的经济学解析：一个基于声誉的信号传递
　　模型 [J]. 商业经济与管理（11）：15-23.

汪明萌，2010. 我国农产品品牌建设浅析 [J]. 山西农业科学（3）：74-79.

王静，2017. 农民合作经济组织理论与实践的研究 [D]. 昆明：云南财经大学.

王艳荣，刘业政，2011. 农业产业集群形成机制的结构验证 [J]. 中国农村经济（10）：
　　77-85.

韦伯，1997. 工业区位论 [M]. 李刚剑，陈志人，张英保，译. 北京：商务印书馆.

尉雪波，张仲燕，2007. 区域品牌形成和管理过程中的博弈模型研究 [J]. 统计与决策
　　（22）：138.

翁胜斌，李勇，2016. 农产品区域品牌生态系统的成长性研究 [J]. 农业技术经济（2）：

113-119.

瓮怡洁，2011. 有机农业：法律规制与政策扶持 [J]. 华南农业大学学报（社会科学版），
　　10（3）：7-16.

吴传清，从佳佳，2011. 区域产业集群品牌风险的成因及防范策略——基于文献述评与
　　拓展研究的视角 [J]. 学习与实践（2）：31-40.

吴勤堂，2004. 产业集群与区域经济发展耦合机理分析 [J]. 管理世界：133-136.

吴士元，2004. 基于博弈分析的战略联盟研究 [M]. 南京：南京理工大学.

夏雷，2007. 以区域品牌为重点推进农产品品牌经营战略 [J]. 湖南农业科学（5）：4-8.

向会娟，曹明宏，潘泽江，2005. 农业产业集群：农村经济发展的新途径 [J]. 农村经裁
　　（3）：47-49.

谢玉梅，2013. 美国有机农业发展及其政策效应分析 [J]. 农业经济问题（5）：105-109.

熊爱华，2010. 农业集群品牌建设模式研究 [M]. 北京：经济科学出版社.

熊爱华，汪波，2007. 基于产业集群的区域品牌形成研究 [J]. 山东大学学报（哲学社会科
　　学版）（2）：84-89.

徐元珍，2006. 我国农产品品牌与标准化关系研究 [D]. 长沙：湖南师范大学.

许基南，李建军，2010. 基于消费者感知的特色农产品区域品牌形象结构分析 [J]. 当代财
　　经（7）：71-78.

许文苹，2011. 我国地理标志初级农产品协同管理模式研究 [D]. 天津：天津大学.

杨佳利，2017. 农产品区域品牌对消费者感知质量的影响——以消费者产品知识、介入
　　度和来源地为调节变量 [J]. 湖南农业大学学报（社会科学版）），18（1）：15-22.

杨建梅，黄喜忠，张胜涛，2005. 区域品牌的生成机理与路径研究 [J]. 科技进步与对策
　　（12）：22-24.

杨瑾，尤建新，蔡依平，2006. 产业集群与供应链系统一体化效应分析：一个理论的框
　　架 [J]. 管理评论，18（9）：41-46.

杨柳，2008. 论地理品牌与产业集群的价值实现——基于中国白酒产业的分析 [J]. 软科学
　　（12）：114-118.

杨雪莲，胡正明，2012. 区域品牌形成和成长二阶段理论模型与实证 [J]. 统计与决策
　　（7）：48-50.

姚春玲，2013. 基于农业产业集聚的农产品区域品牌竞争力提升机制分析 [J]. 中国管理信息化（15）：38-40.

姚春玲，2013. 农业产业集聚与农产品区域品牌竞争力提升策略 [J]. 农业现代研究（3）：318-321，327.

姚作为，2004. 企业集群与品牌聚合 [J]. 生产力研究（9）：131-134.

叶敏，2013. 农产品品牌建设中的问题及对策 [J]. 中国经贸导刊（3）：42-43.

易正兰，陈彤，2007. 基于农业产业集群的农业品牌发展策略 [J]. 农村经济（6）：37-40.

尹成杰，2006. 新阶段农业产业集群发展及其思考 [J]. 农业经济问题（3）：4-7，79.

尹晶，2005. 我国产业集群实施区域品牌建设研究——以嵊州市领带产业集群为例 [D]. 北京：中国农业大学：29-37.

于维生，朴正爱，2005. 博弈论及其在经济管理中的应用 [M]. 北京：清华大学出版社：21-22.

余明阳，2002. 品牌学 [M]. 合肥：安徽省人民出版社：14-16.

俞燕，2015. 新疆特色农产品区域品牌：形成机理、效应及提升对策研究 [D]. 武汉：华中农业大学.

元秀华，2005. 产业集群的创新、合作竞争和区域品牌效应分析 [J]. 湖北经济学院学报（6）：70-75.

张传统，2015. 农产品区域品牌发展研究 [D]. 北京：中国农业大学.

张传统，陆娟，2014. 农产品区域品牌购买意愿影响因素研究 [J]. 软科学，28（10）：96-99.

张春明，2008. 略论产业集群区域品牌之关联方的协同效应 [J]. 现代财经，28（10）：29-33.

张光辉，张蓓，2006. 农产品品牌的理论与策略探讨 [J]. 农产品市场周刊（20）：7-10.

张光辉，张蓓，2009. 基于价值链理论的农业品牌科技支撑体系研究 [J]. 华南农业大学学报（2）：32-35.

张宏伟，2004. 产业集群研究的新进展 [J]. 经济理论与经济管理（4）：69-73.

张可成，2009. 略论农产品品牌建设中的政府行为 [J]. 理论学刊（9）：87-90.

张可成，王孝莹，2009. 我国农产品品牌建设分析 [J]. 农业经济问题（2）：22-24.

张可成，杨学成，2008.农产品品牌作用机理分析 [J].生产力研究（21）：28-30.

张鹏，2009.我国农村公共物品多元供给制度的构建 [J].理论与改革（5）：68-71.

张世贤，1996.论工业品品牌竞争力及其量化分析 [J].经济导刊（5）：38-44.

张维迎，2004.博弈论与信息经济学 [M].上海：上海人民出版社.

张小蒂，张弛，2010.产业集群组织创新与动态比较优势构建——以浙江绍兴为例 [J].浙江大学报（人文社会科学版）（8）：79-87.

张小青，2009.基于集群机理的农业产业集群成长障碍与路径分析 [J].经济问题（1）：69-71.

张学军，2011.论美国农业经销合作社规范的演变及其启 [J].浙江大学学报（人文社会科学版）（7）：119-133.

张月莉，郝放，2013.农业集群品牌营销成功的关键影响因素分析——以黑龙江"寒地黑土"品牌为例 [J].农业经济问题（6）：7-13.

张祖健，等，2003.中国东部品牌研究 [M].北京：中国轻工业出版社：23-26.

章胜勇，李崇光，2007.运用地理标志提升农产品市场竞争力 [J].农业经济（9）：80-81.

赵进.产业集群生态系统的协同演化机理研究 [D].北京：北京交通大学，2011.

赵晶，2007.集群企业品牌生成的 SPC 工分子模型 [J].经济管理（4）：29-33.

赵淑杰，2007.新时期我国农产品品牌建设问题之探讨 [J].农业经济（2）：65-66.

郑寅达，费佩君，1991.澳大利亚史 [M].上海：华东师范大学出版社：204.

周涌，2011.基于产业集聚理论的区域农业竞争力分析 [J].农村经济（4）：52-53.

左两军，2005.超市生鲜经营与我国农产品品牌建设——基于中间层组织与厂商理论的分析 [J].华南农业大学学报（社会科学版）（3）：64-69.

ALLEN，2007. Place branding：new tools for economic development [J]. Design Management Review：60-68.

ANHOLT，2002. Nation branding：accontinuing theme [J]. Journal of Brand Management（10）：59-60.

ANHOLT，2006. The anholt ogmi city brands index：how the world sees the world's city [J]. Place Branding（2）：18-31.

ANTONELFI，2000. Collective knowledge communication and innovation：theevidence of technological districts [J]. Regional studies, 34 (6): 535-547.

BERNARDO, DAN, 2004. Agritourism: if we build it, will they come? Paper presented at the 2004 risk and profit conference [M]. Manhattan: KS, 19-20.

BRUBAKER, RIDE, 1975. Free revelation, or golden rule [J]. Journal of Law and Economics. (18): 147-160.

BUCHANAN, 1965. An economic theory of clubs [J]. Economic, 32 (25): 1-14.

BUSBY, RENDLE, 2000. The transition from tourism on farms to farm tourism [J]. Tourism Management (21): 635-642.

CALDWELL, FREIRE, 2004. The differences between branding a country, a region and a city: applying the brand box model [J]. Journal of Brand Management (12): 50.

CHE, ANN, GREGORY, 2005. The agritourismproduct: lineagesamong Michigan agritourism destinations [J]. Agriculture and HumanValues (2): 225-234.

CHERNATORY, DONALD, 1998. Creating powerful brands [M]. Oxford: Buderworth Heinermann.

CHOIA, SIRAKAYAB, 2006. Sustainability indicators for managing communitytourism [J]. Tourism Management (27): 1274-1289.

COGHLAN, 1902. A statistical account of the seven colonies of australia [J]. Sydney: 582-586.

DIMITROVSKI, 2012. Rural tourism and regional development [J]. Procedia Environmental-Sciences (14): 288-297.

DOOLEY, BOWIE, 2005. Students' corner place brand architecture: strategic management of the brand portfolio [J]. Place Branding, 1 (4): 402-419.

ELHORST, 2003. Specification and estimation of spatial panel data models [J]. International RegionalScience Review (3): 244-268.

ELHORST, 2010. Applied spatial econometrics: rasing the bar [J]. Spatial Economic Analysis (5): 18-24.

FILIP, JAN, REINHART, 2011. Fragmentation in the legal amazon, brazil: can landscape-metrics indicate agricultural policy differences? [J]. Ecological Indicators, 11 (5): 1467-

1472.

FLEISCHER，FELSENSTEIN，2000. Support for rural tourism，does it make a difference? [J]. Annals of Tourism Research（27）：1007-1024.

FLEISCHER，TCHETCHIK，2005. Does rural tourism benefit from agriculture? [J]. Tourism Management（26）：493-500.

GARCIA-RAMON，1995. Farm tourism，gender and the environment in Spain [J]. Annals of Tourism Research（22）：267-282.

GARROD，2006. Re-conceptualizing rural resources as countryside capital：the case of rural tourism [J]. Journal of Rural Studies（22）：117-128.

GEORGE，2007. Place branding：new tools for economic development [J]. Design Management Review（18）：60-68.

GILMORE，2002. A country can it be repositioned? Spain the success story of country branding [J]. Journal of Marketing Research（8）：281-293.

GLASER，STRAUSS，1967. The discovery of grounded theory：strategies for qualitative research [M]. Chicago：Aldine Press.

GOLDIN，1979. Equal access vs selective access：a critique of public goods theory [J]. Public Choice（29）：53-7

GRANOVETTER，1985. Economic action and social structure：the problem of embeddedness [J]. American Journal of Sociology，91（3）：481-510.

HALL，1999. Destination branding，niche marketing and national image projection in central and Eastern Europe [J]. Journal of VacationMarketing：227-237.

HANKINSON，2001. Location branding：a study of the branding practices of 12 english cities [J]. Journal of Brand Management（9）：127-142.

HANKINSON，2004. Relational network brands：towards a conceptual model of place brands [J]. Journal of Vacation Marketing，10（2）：109-120.

HEGARTY，2005. Rural and agritourism as a tool for reorganizing rural areas in old and new member states [J]. International Journal of Tourism Research，7（2）：63-77.

HOLT，2006. Toward a sociology of branding [J]. Journal of Consumer Culture，6（3）：299-302.

HUDSON, 2007. Regions and regional uneven development forever? Some reflective comments upontheory and practice [J]. Regional Studies (41): 1149-1160.

JIANG, BATT, 2016. Barriers and benefits to the adoption of a third party certified food safety management system in the food processing sector in Shanghai, China [J]. Food Control (62): 89-96.

JOYCE, WOODS, BLACKS, 1995. Networks and partnership: managing change&competition [J]. Small Business&Enterpyise Development (2): 11-18.

KASTENHOLZ, 2012. Understanding and managing the rural tourism experience-the case of ahistorical village in Portugal [J]. Tourism Management Perspectives (4): 207-214.

KAVARATZIS, 2005. Place branding: a reviewof trendsand conceptual models [J]. Marketing Review (5): 329-342.

KELLER, 1998. Strategie brand managemen [M]. New Jersey: Prentiee Hall.

KERR, JOHNSON, 2005. Review of a brand management strategy for a small town lessons learn [J]. Place Branding (1): 373-387.

KOTLER, GERTNER, 2002. Country as brand, product, and beyond: a place marketing and brandmanagement perspective [J]. Journal of Brand Management, 9 (4/5): 249-260.

MIN, 1989. Testing the role of country image in consumer behavior european journal of marketing, 24 (6), 24-40.

MOSCHITZ, STOLZE, 2010. The influence of policy networks on policy output: a comparison of organic farming policy in the Czech republic and Poland [J]. Food Policy, 35 (3): 247-255.

OPPERMANN, 1996. Rural tourism in southern Germany [J]. Annals of Tourism Research (23): 86-102.

POTER, 1988. Cluster and the new economics of competition [J]. Harvard Business Review: 11-12.

REICHEL, 2000. Ruraltourism in Israel: service quality and orientation [J]. Tourism Management (21): 451-459.

SEUFERT, RAMANKUTTY, MAYERHOFER, 2017. What is this thing called organic?How organic farming is codified in regulations [J]. Food Policy（68）：10-20.

WALMSLEY，2003. Rural tourism：case of lifestyle led opportunities [J]. Australian Geogra-pher，34（1）：61-72.

ZEYNEP，2000. Durairaj maheswaran. cultural variationsin country of origin effects [J]. Journal of Marketing Research，37（8）：309-317.

后　记

经过很长时间的努力，我终于顺利地完成了这部作品。从选题到收集材料，从第一稿到反复修改，经历了喜悦、沮丧、彷徨、焦急、痛苦，心情非常复杂。"雄关漫道真如铁，而今迈步从头越"。伴随着著作接近尾声，一种发自内心的成就感油然而生！

本书的出版得到了众多前辈、朋友、学生及家人的帮助和支持，故在此向他们表示最崇高的敬意和最真诚的感谢。

感谢我的恩师中南民族大学田恩舜教授。在我一生最为重要的学习阶段，恩师给予了我许多指导和帮助，自己取得的点滴成绩无不凝聚着他的殷殷关切之情。师恩难忘，感念于心。

感谢我的领导、恩师张遂教授。张教授，在百忙之中对我的研究乃至生活等多方面给予了谆谆教诲和悉心关怀。当我面对科学的高峰有些彷徨时，是恩师在鼓励我，"攻坚莫畏难，只怕肯登攀"；当我在科学的殿堂中步履蹒跚时，是恩师在指点我，"问渠哪得清如许，为有源头活水来"；当我在实际工作中遇到困难时，是恩师在引导我，"壁立千仞无欲则刚，海纳百川有容乃大"。他指导我在研究中如何追逐学科前沿，如何思考问题，如何循序渐进地分析、解决问题，这促使我在学术上形成了兼收并蓄的研究习惯和敏感独特的思维方式，使我受益终身。

能够在山西工商学院工作我倍感幸福。这里就像一个大家庭，每位教师对教育都充满了热情，良好的环境是一位学者研究学术问题的基石，感谢山西工商学院副院长宋治国副教授，以及王敏、郭霞、郭小丽等各位领导及同人，他们为我的创作营造了一个相对宽松、自由、良好的环境，让我有更多的时间、精力进行写作，本著作的顺利诞生可以说他们功不可没。

此外，我要感谢杨斌处长、关海玲教授、张国栋副教授在我职业发展及个人成长中的帮助。同时我要感谢我可爱的学生们，谢谢他们对我工作的配合与支持。

感谢知识产权出版社于晓菲编辑认真而细致的工作！与此同时，还要感谢所有参考文献的作者们，我是站在了巨人的肩膀上，完成了此项研究。

最后，我要感谢我的家人，是他们用最无私、最宽容的心给予我支持和鼓励，让我可以心无旁骛地进行学术研究。工作中的风风雨雨，除去笔与纸对我的相伴，就是他们在一直默默地支持着我，与我共同分担工作中的艰辛。在我疲累时为我送上一杯暖茶、一句问候，为我排解所有烦恼。再次感谢我的家人们。

感谢帮助过我的每一个人，感谢他们一开始便全心信任我，并且一直坚持不懈地给予我支持和鼓励，正是因为有了这样良好的环境，我才能在创作的路上走得更好。

该著作的出版，对我而言意味着一种鼓励，激励我在未来要更加努力和拼搏，攀登更高的学术之峰。我想，只有这样才是对所有帮助过我的人的最好报答。在未来的学术研究中，我向大家承诺，我会以最严谨的态度、最负责任的心态对待学术研究，用自己的学术成果回报大家。

2018年11月30日